KB199206

무조건

여행
영어
회화

QR 코드 찍고
MP3 파일
바로 듣기

영어교재연구원 엮음

도서
출판 **YEGA**

01
회화를 더 up 시키는 표현들

03
현지에서 잘 많이 쓰는 표현

01 간단하고 쉬운 문장만을 소개하였기 때문에 다른 단어를 넣어서도 응용하기 쉽고, 해외여행뿐만 아니라 일상생활에서도 활용할 수 있다. 초보자가 말할 수 있는 간단한 표현법을 중심으로 구성했기 때문에 영어회화를 자연스럽게 익힐 수 있다.

02 해외여행을 할 때 다양한 상황에 대처할 수 있도록 출입국부터 귀국에 이르기까지 11개의 주요 장면과 기본 회화로 구성하였으며, 여행 시 부닥치는 상황을 각 장면별로 짜임새 있게 구성하였다.

03
영어의 기초가 되는 기본단어

◦ 중요 단어 이것만은 꼭 기억하기 ◦

체크인 **check-in** 첵 인	체크아웃 **check-out** 첵 아웃
예약 **reservation** 레저베이션	예약확인증 **confirmation slip** 컨퍼메이션 슬립
사인 **signature** 시그니처	도착 **arrival** 어라이벌
안내데스크 **front desk** 프런트 데스크	비상구 **emergency exit** 이머전씨 엑씻
늦추다, 연기하다 **delay** 딜레이	귀중품 보관소 **safety box** 세이프티 박스
빈방 **vacancy** 베컨씨	아침식사 **breakfast** 블랙퍼스트

104

04
여행에 꿀팁을 되는 여행 정보

출국 시 알아두어야 할 에티켓

공항에서
항공사가 규정하는 무료 수하물을 잘
챙겨간다면 체크인 시 초과한 무게만
큼 수하물을 어기거나 옮기는 수고를
덜 수 있다. 또한, 수하물에 넣지 말아
야 할 물건들을 잘 체크해 보는 것도
중요하다. 반드시 TAG(짐을 부칠 때
항공사에 주는 꼬리표, 보통 항공편명, 출발지, 도착지, 시간이 적혀 있음)을 받
고 가방에 이름표를 꼭 달아놓는다. 탑승 마감 시간 전에 자신의 비행기 출발
게이트에서 대기하는 것이 좋다. 의외로 탑승 마감 시간을 넘기는 사람이 많다
는 것을 항상 상기하자.

좌석에서
● 기내에서 간편한 옷차림을 하거나
슬리퍼를 신는 것은 괜찮다. 그러나
내의 바람이 되거나 양말을 벗는 행
위는 곤란하다. 발이 피곤하면 신발
을 벗는 것은 가능하나 벗은 채 기내
를 돌아다니거나 신발 벗은 발이 타
인에게 보이도록 자세를 취하는 것은 되므로 조심해야 한다.
● 승무원을 부를 때는 승무원 호출버튼을 누르거나 통로를 지날 때 가볍게 손
짓하거나 눈이 마주칠 때 살짝 부른다. 우리 식으로 손을 흔들어 부르는 것은 예
의에 어긋난다.

76

---

03 해외여행에서 꼭 필요한 단어들을 미리 알고 가면 현지에서 유용하게 쓰이므로 될수 있으면 외워서 가는 것이 좋다. 단어들만 나열해서 이 야기를 해도 어느정도 대화가 되기 때문이다.

04 여행은 아는 만큼 보인다는 말이 있다. 이에 유용한 여행 정보들을 선 별하여 사진과 함께 수록하였으니 좀 더 풍부하고 즐거운 여행을 만들 어 보자.

CONTENTS

PART 05 관광

PART 06 쇼핑

여권

외국을 여행하는 사람의 신분이나 국적을 증명하고 상대국에 그 보호를 의뢰하는 서류로 소지할 의무가 있다. 일반 여권, 관용(官用) 여권, 외교관 여권 등이 있다.

여권발급(전자, 복수여권 기준)

본인이 직접 신청한다. 단 질병, 장애 및 만 18세 미만의 미성년자는 제외되며 구비서류는 여권발급신청서, 여권용 사진 1매, 신분증, 남자는 병역 관계 서류를 제출한다.

	종류	유효기간	사증면수	국내기관	재외공관
	복수여권	10년	58면	50,000원	50불
		10년	26면	47,000원	47불
	단수여권	1년 이내		15,000원	15불

여권 사진

- 여권발급 신청일 전 6개월 이내에 촬영한(천연색 의상과 모자나 머리 장신구를 하지 않은) 상반신 사진을 제출해야 한다.
- 본인이 직접 촬영한 사진은 여권 사진 규격에 적합하게 해야 사용 가능하다.
- 사진 편집 프로그램, 사진 필터 기능 등을 사용하여 임의로 보정한 사진은 허용 불가하다.
- 여권 사진의 크기는 가로 3.5cm X 세로 4.5cm, 머리 길이는 정수리(머리카

락을 제외한 머리 최상부)부터 턱까지 3.2~3.6cm 사이인 사진을 제출해야 한다.

- 사진 편집 프로그램(포토샵 등)을 사용하여 배경을 지우거나 흰색 배경에 인물을 임의로 합성한 사진은 제출 불가하다.
- 머리가 중앙에 위치해야 하며, 얼굴과 어깨는 정면을 향해야 한다.(측면 포즈 불가)
- 입은 다물어야 하며(치아 노출 불가), 미소(눈을 가늘게 뜨고 얼굴을 찡그리기) 짓거나 눈썹을 올리지 않는 무표정이어야 한다.

여권 분실 신고 방법 및 절차

여권은 해외 여행 시 본인의 신분을 증명하는 유일한 신분증명서로서 철저한 관리가 필요하다. 분실된 여권을 제3자가 습득하여 위·변조 등 나쁜 목적으로 사용할 경우 본인에게 막대한 피해가 돌아갈 수 있다.

분실신고된 여권은 즉시 무효화되어 다시 찾더라도 사용할 수 없다.

해외여행 중 여권을 분실하였을 때에는 가까운 재외공관에 여권 분실 신고를 하고 새 여권을 발급받아야 한다.

해외여행 중 현지 경찰에 여권분실을 신고한 경우에 이를 다시 찾더라도 해당 여권으로는 그 나라의 출·입국 제한 등 불이익을 받을 수 있으니, 가까운 재외 공관을 방문하여 분실신고를 하고 새로운 여권을 발급받아 안전하게 여행해야 한다. 특히, 유럽의 쉥겐(Schengen) 협약 국가간에는 분실여권 정보가 공유되므로, 쉥겐협약 국가 입출국시에는 더욱 유의해야 한다.

환전 및 여행 보험

공항 환전소보다 일반 거래 은행을 이용한다

공항 환전소는 많은 여행객이 환전할 수 있는 마지막 창구이기 때문에 수수료가 비싸게 운영되므로 공항에 가기 전에 시중은행에서 필요한 금액을 미리 환전해 놓는다. 최소한의 경비만 환전할 계획이라면 가까운 은행에서 환전해도 무방하다. 더욱 좋은 환율을 적용받고 싶다면 시내 금융가의 본지점에서 환전하는 것이 유리하다.

환율은 주가처럼 끊임없이 변하므로 은행마다 조금씩 차이가 있고 은행 중에서 가장 환율이 싼 은행을 선택하여 환전하는 것이 좋으며 은행에서 발행하는 환율 우대쿠폰도 확인해 본다.

인터넷 환전

인터넷 환전은 최대 90%의 환율 우대를 이용할 수 있으며 다양한 이벤트도 많이 한다. 은행 앱에서 외화를 구매한 뒤, 원하는 지점에서 돈을 받으면 된다. 또 공동 구매처럼 여러 명이 모여 좀 더 높은 환율 우대를 받는 방법도 있다.

화폐 단위는 여러 가지로 준비한다

환전할 때 너무 큰 단위로 환전하지 않는다. 또 외화 동전은 기준 환율의 50~70% 수준에서 살 수 있지만, 환전이 가능한 곳이 따로 있으니 미리 알아보고 환전한다. 다만 무게가 있고 휴대가 불편하므로 사용할 만큼만 교환하고 한국에 돌아와 동전을 다시 환전할 때는 50% 가격밖에 쳐주지 않으므로 돌아오기 전에 모두 사용하고 돌아오거나 동행인이 있다면 동전을 모아 지폐로 교환하는 방법도 있고 공항 내 유니세프 모금함에 기부하는 방법도 있다.

국제현금카드(트레블 카드)를 준비한다

국제현금카드의 장점은 해외에서도 국내 예금을 현지 화폐로 찾아 쓸 수 있다는 것과 환전의 번거로움이 없다는 것이다. 시중은행에서 신청하면 되고 분실 시 해외에서 재발급이 불가능하므로 미리 2장을 만드는 것도 좋은 방법이다. 출국 전 비밀번호 4자리를 미리 확인하고 계좌 잔액도 확인한다. 요즘에는 필요한 금액을 핸드폰으로 충전도 가능하니 걱정하지 않아도 된다.

해외에서 사용 가능한 신용카드를 준비한다

- 현지통화 기준으로 결제한다 – 원화결제 시 현지통화 결제보다 환전 수수료가 1회 더 부과되므로 현지통화 기준으로 결제하는 것이 바람직하다.
- 출입국 정보 활용 서비스와 SMS 서비스는 기본으로 활용한다 – SMS를 신청하여 해외에서도 신용카드 결제 내용을 휴대전화로 바로 확인하고 출입국 정보 활용 서비스를 통해 신용카드의 부정 사용을 사전에 막아 준다.
- 신용카드사 신고 센터 전화번호를 반드시 메모한다 – 신용카드 분실, 도난 당한 후에 즉시 카드사에 신고하고 귀국 즉시 서면으로 분실신고를 한다.
- 카드가 분실, 도난, 훼손당하였으면 긴급 대체카드 서비스를 이용한다 – 신용카드를 사용할 계획으로 현금을 조금만 환전했는데 신용카드를 분실 했다

면 당황하지 말고 긴급 대체카드 서비스를 이용하면 2일 내 새 카드를 발급받을 수 있다. 단, 임시 카드이므로 귀국 후 반납하고 정상 카드를 다시 발급받는다.

- 카드 유효기간과 결제일을 확인한다 – 아무 생각 없이 카드를 챙겨갔다가 카드 유효기간이 만료되어 사용하지 못하는 상황이 일어나지 않도록 미리 확인한다.
- 국제 브랜드 로고를 확인한다 – 해외에서 사용할 수 있는 카드는 비자(VISA), 마스터(Master), 다이너스(Diners), 아메리칸 익스프레스(American Express) 등이 있다.
- 여권과 카드상의 영문 이름이 일치하는지 확인한다 – 여권상의 영문 이름과 신용카드 상의 영문 이름이 다를 경우 카드 결제를 거부하는 예도 있으니 여권과 카드상의 영문 이름이 일치하지 않으면 재발급받는다.

해외여행자보험

해외여행 도중 불의의 사고에 대비한 보험으로 보험료도 저렴하고 가입 절차도 간편하다. 국내의 각 손해보험 회사에서 취급하며, 보험의 종류와 보상내용은 비슷하며, 패키지여행의 경우 대부분 경비에 보험

료가 포함되어 있다. 보험금의 청구는 사고가 발생한 날로부터 30일 이내에 필요한 서류를 갖추어 보험 회사의 본 · 지점에 청구하면 된다. 상해, 질병의 경우에는 의사의 진단서, 처방전, 치료비 명세서, 치료비 영수증이 필요하며, 휴대품 손해의 경우는 경찰서의 사고확인증명서, 목격자 진술서, 피해 품목 명세서 등이 필요하다.

로밍과 국제 면허증

핸드폰 로밍과 유심칩, 와이파이도시락 이용하기

• 로밍은 지금 이용하는 전화번호 그대로 사용하면서 데이터, 통화를 이용할 수 있는 통신요금제로 이벤트 적용 시 저렴한 가격으로 이용할 수 있다.

• 유심은 기내에서 유심칩을 바꾸어 끼고 전원을 켜면 자동으로 셋업되고 여행하는 나라의 번호가 새로 생성되어 이용하는 시스템이다. 현지에 가서 구매해도 되지만 그렇게 하면 공항에서 렌터카, 숙소이동 등이 불편해질 수 있으므로 한국에서 구입해 가는 것을 추천한다.

• 와이파이도시락은 국가별 이동통신사의 데이터 신호를 Wi-Fi 신호로 바꿔주는 데이터 로밍 단말기이다. '와이파이'는 데이터를, '도시락'은 휴대성을 의미하며, 해외여행 시 데이터를 도시락처럼 간편하게 휴대하여 언제 어디서든 쉽고 빠른 대용량 데이터를 사용할 수 있다.

국제운전면허증

국내 면허증이 있으면 누구나 취득할 수 있으며, 유효기간은 1년이다. 필요한 서류는 국내 운전면허증 유효기간 안에 입국할 경우라면 운전면허, 여권용 사진 1매 등이며, 국내 운전면허증 유효기간 이후에 입국할 경우라면 여권을 추가로 제출해야 한다. 여권에 비자 사증이 없는 경우에는 항공권이 있어야 한다. 이들을 지참하고 운전면허 시험장에 신청하면 당일 발급 받을 수 있다. 대리 신청도 가능하며 이때는 가족임을 증명할 수 있는 서류를 제출하면 된다.

수하물로 보낼 것들

- 가방에 옷을 넣을 때 돌돌 말아 압축팩에 담으면 구김이 덜 가고 부피도 줄일 수 있다.

- 입은 옷과 벗은 옷을 분리해서 담기 위해 여분의 압축팩을 준비하고 깨지기 쉬운 것은 옷 속에 넣어두면 완충효과가 있다.

- 신발과 속옷은 낡아서 버릴 계획이 있는 것으로 가져가 여행이 끝날 때 버리고 돌아오자. 짐도 가벼워지므로 그 자리를 쇼핑 물품으로 채울 수 있어서 좋다.

- 상비약으로는 소화제, 감기약, 지사제, 일회용 반창고, 상처 치료 연고, 진통제 등을 준비한다.

- 혹시 모를 쇼핑을 위해 장바구니를 챙겨가는 것도 환경을 위해 좋다.

- 우리 나라와 다른 전압을 사용하기 때문에 멀티탭을 꼭 준비해 간다. 준비한 전자기기 수만큼의 멀티탭을 가져가면 유용하며 충전기나 보조 배터리를 여러 개 가져가는 것이 좋다.

- 비가 올 수 있으므로 접는 우산 또는 양산 하나 정도는 챙겨가는 것이 좋다.

- 라면은 내용물만 따로 모아 지퍼백에 담고 용기는 차곡차곡 포개 한꺼번에 포장하면 더 많은 공간을 확보할 수 있다. 고추장 튜브나 볶음 김치 팩을 가져가도 좋지만, 현지에서도 요즘은 외국에서도 쉽게 구매할 수 있으니 짐을 생각한다면 생략해도 좋다.

기내 가방에 넣을 것들

- 여권과 분실을 대비한 여권사본, 사진 1매를 준비한다.
- 호텔 바우처를 프린트해서 가면 프런트에서 좀 더 빠르게 체크인할 수 있다.
- 항공권을 온라인으로 구매했다면 미리 e 항공권을 출력해간다.
- 보조 배터리는 수하물 짐에 넣지 말고 기내 가방에 넣어야 하며 카메라, 노트북, 태블릿 PC 등을 수하물 짐에 넣으면 파손될 수 있으니 기내에 가지고 탑승한다.
- 여행경비를 환전할 현금과 신용카드, 동전 지갑을 준비한다.
- 여행지도와 여행 책자로 동선을 미리 계획하고 준비하면 편리하다.
- 볼펜은 출입국 신고서 작성에도 필요하며 수첩에 주요 전화번호 등을 미리 메모해 가면 좋다.

옷가지와 신발

옷들은 가장 부피가 큰 짐이다. 기본은 속옷과 양말, 티셔츠 3-5벌. 새로 장만하려고 하지 말고 평소 입던 편안하고 다루기 쉬운 옷가지 위주로 준비한다. 디너쇼나 레스토랑에서의 식사 때와 같은 공식적인 스케줄이 잡혀 있으면 구두와, 남성은 깃이 달린 셔츠와 넥타이, 여성은 우아한 원피스를 한 벌 정도 준비하는 것이 좋다. 또 겨울은 물론이고 여름에도 아침 · 저녁으로는 쌀쌀해지고, 차를 타고 관광할 때는 에어컨 시설이 잘 되어 있으므로 스웨터나 카디건을 준비해 가는 것도 잊지 말고 신발은 걷기에 편한 것이 기본. 새것보다는 길들여진 헌 신발이 오히려 편안하다. 숙소에서 신을 슬리퍼도 있으면 유용하다.

- 속옷 _ 호텔 등에서 빨 수 있으므로 많이 가져가지 않는다.
- 셔츠와 바지 _ 세탁하기 쉬운 것으로 3벌 정도
- 재킷과 카디건 _ 냉방차와 비행기를 타거나 비올 때를 대비한다.
- 모자와 썬글래스 _ 햇빛이 강하므로 필수품
- 수영복 _ 여름철이나 수영장 있는 호텔에 묵을 때는 가져간다.

- 비옷과 우산 _ 가볍고 작은 것으로 준비한다.
- 장갑 _ 겨울철 여행의 필수품
- 신발 _ 발에 익숙해져 걷기 편한 것. 운동화나 캐주얼슈즈가 적당

세면도구 및 기타

작은 호텔이나 유스호스텔 등에는 설비가 잘 되어 있지 않은 곳이 많으므로 여행용 세면도구와 타올, 드라이어, 화장품, 손톱깎이 등을 준비한다. 4~5성급 호텔에서 묵을 경우에는 치약, 칫솔 정도만 준비해 간다.

- 칫솔과 치약 _ 우리나라와 일본 호텔을 제외하고는 없는 경우가 많다.
- 수건과 비누 _ 소형으로 준비해 간다. 호텔에 묵을 거라면 필요 없다.
- 세제 _ 오래 여행할 예정이라면 1회용 포장으로 조금씩 가져간다.
- 자외선 차단 크림 _ 여름에는 필수품
- 화장품 _ 쓰던 것을 작은 플라스틱 용기에 덜어 가져간다.
- 빗과 면도기 _ 호텔에 1회용이 비치되어 있는 경우도 있다.
- 드라이어 _ 전압을 확인하고 가져간다.
- 티슈와 손수건 _ 작은 가방에 들어갈 수 있는 것
- 생리용품 _ 당장 쓸것을 챙겨가고 현지에서도 구입이 가능하다.
- 손톱깎이 · 귀이개 _ 작지만 요긴하게 쓰인다.
- 일회용 수저 · 젓가락 · 종이컵 _ 하나쯤 준비해둔다.
- 알람 손목 시계 _ 스케줄대로 움직이기가 한결 편해진다.
- 비닐봉투 _ 젖은 옷이나 잡동사니를 넣기에 좋다.
- 선물 _ 친지가 있는 경우 외에 작은 답례품을 가져가면 요긴하다.
- 텀블러 _ 작은 것으로 준비해가면 무료 생수를 먹을 수 있다.
- 비상약 _ 소화제와 설사약, 감기약, 소독약, 연고, 1회용 밴드 등
- 작은 가방 _ 큰 가방과 분리해 여행자료 등을 넣어 몸에 지니고 다닌다.

면세점에서 쇼핑하기

1인당 미화 $800까지 허용되는데 이를 초과하는 경우 세관 신고 후 세금을 납부해야 한다. 술, 담배, 향수는 별도 면세범위 이내에서 추가 구매가 가능하다.

- 술 : 두 병까지 가능하며 합산 2ℓ 이하로서 총 US $400 이하여야 함
- 담배 : 궐련형은 200개비(10갑)
- 향수 : 60㎖

술과 담배는 만 19세 미만인 청소년은 구매할 수 없다.

국내 공항 면세점은 외국 공항 면세점보다 규모도 크고 품목도 다양할 뿐 아니라 국내 브랜드도 입점해 있다. 면세점은 출국 시에만 이용할 수 있고 도착 후에는 이용할 수 없으니 주의한다.

시내 면세점

시내 호텔과 백화점에 있는 면세점에서도 구매할 수 있는데 출국일 30일 전부터 구매 가능하다. 본인의 여권을 가지고 출국 일자와 비행기 편명을 숙지하고 방문하면 되고 구매한 물품은 출국일에 지정된 인도장에서 받을 수 있다. 시내 면세점

은 시간을 가지고 여유롭게 쇼핑할 수 있는 장점이 있으며 공항 면세점보다 물품이 다양하다.

인터넷 면세점

공항 면세점보다 저렴하면서 각종 할인과 적립금이 있는 것이 장점이다. 또한, 출국일 60일 전부터 구매할 수 있으므로 천천히 시간의 구애를 받지 않고 쇼핑할 수 있다. 물건을 직접 보지 못한다는 것과 물건이 다양하지 않다는 단점이 있다.

기내 면세점

기내 면세 판매 시간에 구매할 수 있고 귀국 시 기내에서도 구매할 수 있다. 시내 면세점이나 공항 면세점보다 저렴하지만, 물량이나 종류가 한정되어 있어 찾는 물건이 없거나 품절되는 경우가 많다. 출국 시 귀국날짜, 귀국 편명, 영문 이름, 물품명을 적어 승무원에게 주면 귀국하는 기내에서 물건을 받을 수 있다.

찐초보자를 위한

기본 회화

01 **안녕!**

Hi! / Hello!

하이! / 헬로우!

---

02 **안녕, 잘 지내요?**

Hi, how are you?

하이, 하우 아 유?

---

03 **안녕하세요.(오전)**

Good morning.

굿 모닝

---

04 **안녕하세요.(오후)**

Good afternoon.

굿 에프터눈-

---

05 **안녕하세요.(저녁)**

Good evening.

굿 이브닝

06 어떻게 지내십니까?

How are you doing?

하우 아 유 두잉?

07 사업은 잘 되시나요?

How is your business going?

하우 이즈 유어 비즈니스 고잉?

08 무슨 좋은 일이 있나요?

Did you get some good news?

디쥬 겟 섬 굿 뉴스?

09 별일 없으시죠?

What's new with you?

왓츠 뉴 위드 유-?

10 어디 가세요?

Where are you going?

웨어 아 유 고잉?

01 처음 뵙겠습니다.

How do you do.

하우 두 유 두

02 만나서 반가워요.

Nice to meet you.

나이스 투 미츄

03 저도 만나서 반갑습니다.

Nice to meet you, too.

나이스 투 미츄, 투

04 성함을 알 수 있을까요?

Could I have your name, please?

쿠드 아이 해브 유어 네임, 플리즈?

05 제 소개를 하겠습니다.

Let me introduce myself.

렛 미 인트러듀스 마이셀프

06 저는 마이크 리입니다.

My name is Mike Lee.

마이 네임 이즈 마이크 리

---

07 (당신에 대해) 이야기 많이 들었습니다.

I've heard a lot about you.

아이브 허드 어 랏 어바웃 유

---

08 만나 뵙고 싶었습니다.

I want to see you.

아이 원 투 씨 유

---

09 만나 뵙게 되어 영광입니다.

I'm honored to meet you.

아임 아너드 투 미트 유

---

10 저도 그렇습니다.

Same here.

세임 히어

01 잘 지냅니다. 당신은요?

I'm fine thank you. And you?

아임 퐈인 땡큐. 앤쥬?

02 잘 지냅니다.

I'm doing great.

아임 두잉 그레잇

03 잘 지내요.

I'm very well.

아임 베리 웰

04 모두 잘 지내요.

They are all very well.

데이 아 올 베리 웰

05 아주 좋아요. 고마워요.

Pretty good, thanks.

프뤼티 굿, 땡스

06 몸이 별로 안 좋아요.

I don't feel well.

아이 돈트 필 웰

07 그저 그래요.

so so.

쏘– 쏘

08 그럭저럭 지냅니다.

So far so good.

쏘파쏘굿

09 모든 것이 좋아요.

Everything's fine.

에브리씽즈 파인

10 별일 없습니다.

Nothing much.

낫씽 머취

01 안녕.

Good bye. / Bye.

굿 바이 / 바이

02 안녕.

See you.

씨 유

03 다시 봐요.

See you again.

씨 유 어겐

04 다음에 봐요.

See you later.

씨 유 레이터

05 내일 또 봐요.

See you tomorrow.

씨 유 투모로우

06 언제 만날까요?

When can we meet?

웬 캔 위 밋?

07 몸조심 하세요.

Take care.

테잌 케어

08 좋은 시간 보내세요.

Have a good time.

해브 어 굿 타임

09 즐거운 하루 보내세요.

Have a good day.

해브 어 굿 데이

10 이제는 가야해요.

I must say good bye.

아이 머스트 쎄이 굿 바이

01 이게 얼마만이에요?

How long has it been?

하우 롱 해즈 잇 빈?

---

02 오랜만입니다.

It's been a long time.

잇츠 빈 어 롱 타임

---

03 오랜만입니다.

Long time no see.

롱 타임 노 씨

---

04 정말 세상 좁군요.

What a small world.

왓 어 스몰 월드

---

05 여기서 당신을 만나다니!

Fancy meeting you here!

팬시 미팅 유 히어

28

06 이렇게 기쁠 수가!

What a pleasant surprise!

왓 어 플레즌트 써프라이즈

07 좋아 보이십니다.

You look great.

유 룩 그레이트

08 요즘 어떻게 지내세요?

What have you been up to lately?

왓 해브 유 빈 업 투 레이틀리?

09 정말 몰라 뵙겠습니다.

I hardly know you.

아이 하들리 노 유

10 무엇 때문에 그렇게 바쁘십니까?

What has kept you so busy?

왓 해즈 켑튜 소 비지?

01 감사합니다.

Thanks. / Thank you.

땡스 / 땡큐

---

02 대단히 감사합니다.

Thank you very much.

땡큐 베리 머취

---

03 당신의 친절에 감사합니다.

Thank you for your kindness.

땡큐 포 유어 카인니스

---

04 도와주셔서 감사합니다.

Thank you for your help.

땡큐 포 유어 헬프

---

05 도움이 돼서 기쁩니다.

I'm happy to help out.

아임 해피 투 헬프 아웃

06 뭐라고 감사를 드려야 할지 모르겠군요.

I don't know how to thank you enough.

아이 돈트 노우 하우 투 땡큐 이너프

07 정말 친절하십니다.

That's very kind of you.

댓츠 베리 카인드 어브 유

08 시간을 내줘서 감사합니다.

Thank you for your time.

땡큐 포 유어 타임

09 천만에요.

You're welcome.

유어 웰컴

10 괜찮습니다.(미안합니다의 대답)

That's all right.

댓츠 올 롸잇

11 신세가 많았습니다.

You were a big help.

유 워러 빅 헬프

12 당신에게 신세를 졌습니다.

I owe you.

아이 오우 유

13 그렇게 말씀하시니 고맙습니다.

How kind of you to say so.

하우 카인드 어브 유 투 세이 쏘

14 환대에 감사드립니다.

Thank you for your hospitality.

땡큐 포 유어 허스피텔러티

15 칭찬해 주셔서 감사합니다.

Thank you for compliment.

땡큐 포 컴프러먼트

01 죄송합니다.

I'm sorry.

아임 쏘뤼

02 정말 미안합니다.

I'm so sorry.

아임 쏘 쏘뤼

03 제 잘못입니다.

It's my fault.

잇츠 마이 폴트

04 늦어서 죄송합니다.

I'm sorry to be late.

아임 쏘뤼 투 비 레이트

05 귀찮게 해서 죄송합니다.

I'm sorry to bother you.

아임 쏘뤼 투 바더 유

06 제가 실수했습니다.

I made a mistake.

아이 메이드 어 미스테잌

07 실수해서 정말 죄송합니다.

I'm really sorry for the mistake.

아임 리얼리 쏘리 포 더 미스테잌

08 다음엔 잘하겠습니다.

Next time I will get it right.

넥스트 타임 아이 윌 게릿 롸이트

09 사과드립니다.

I apologize to you.

아이 어팔러자이즈 투 유

10 기다리게 해서 죄송합니다.

I'm sorry to keep you waiting.

아임 쏘리 투 키퓨 웨이팅

11 용서해 주십시오.

Please forgive me.

플리즈 포기브 미

---

12 오로지 제 탓입니다.

I can only blame myself.

아이 캔 온리 블레임 마이쉘프

---

13 고의로 그런 것이 아닙니다.

My intentions were good.

마이 인텐션즈 워 굿

---

14 저의 사과를 받아 주십시오.

Please accept my apologize.

플리즈 어셉트 마이 어팔러자이즈

---

15 제가 깜박 잊었습니다.

It slipped my mind.

잇 슬립트 마이 마인드

01 잠깐 실례하겠습니다.

Excuse me for a moment.

익스큐즈 미 포러 모먼트

---

02 창문 좀 열어도 괜찮을까요?

Do you mind if I open the window?

두유 마인드 이프 아이 오픈 더 윈도우?

---

03 휴대폰 좀 사용해도 될까요?

May I use your cell phone?

메이 아이 유즈 유어 셀 폰?

---

04 지나가도 될까요?

May I pass by?

메이 아이 패스 바이?

---

05 볼펜 좀 빌려주시겠어요?

May I borrow a ball-point pen?

메아이 바로우 어 볼포인트 펜?

06 부탁이 하나 있는데요?

May I ask a favor of you?

메아이 에스크 어 풰이버 어브 유?

07 시간 좀 내 주시겠어요?

Could you spare me a few minutes?

쿠쥬 스페어 미 어 퓨 미닛츠?

08 TV 좀 꺼 주시면 고맙겠습니다.

I'll thank you to turn off the TV.

아윌 쌩스 유 투 턴 오프 더 티브이

09 부탁을 드려도 될까요?

Can I ask you a favor?

캔 아이 에스크 유 어 풰이버?

10 맥주 한 잔 더 주시겠어요?

Could you give me another glass of beer?

쿠쥬 깁미 어나더 글래스 어브 비어?

11 저와 함께 가시겠어요?

Would you like to join me?

우쥬 라일 투 죠인 미?

---

12 도와주시겠어요?

Can you help me?

캔유 헬 미?

---

13 누가 좀 도와주시겠어요?

Can anybody help me?

캔 에니바디 헬프 미?

---

14 무엇을 도와 드릴까요?

What can I do for you?

왓 캔 아이 두 포 유?

---

15 제 자리 좀 봐 주시겠어요?

Can you save my place?

캔유 세이브 마이 플레이스?

01 뭐라고 하셨죠?

Excuse me? / Pardon me?

익스큐즈 미? / 파든 미?

02 다시 한 번 말씀해 주시겠어요?

Could you say that again, please?

쿠쥬 쎄이 댓 어게인, 플리즈?

03 조금 천천히 말씀해 주실래요?

Could you speak more slowly, please?

쿠쥬 스픽 모어 슬로우리, 플리즈?

04 그게 무슨 뜻이죠?

What does that mean?

왓 더즈 댓 미인?

05 지금 몇 시죠?

What time is it now?

왓 타임 이즈 잇 나우?

06 지금 무엇을 하고 있죠?

What are you doing now?

왓 아 유 두잉 나우?

07 누구에게 물어봐야 하죠?

Who should I ask?

후 슈다이 에스크?

08 무엇을 찾고 있습니까?

What are you looking for?

왓 아 유 룩킹 포?

09 저건 뭐죠?

What's that?

왓츠 댓?

10 무슨 일을 하십니까?

What do you do?

왓 두 유 두?

11 어느 쪽이죠?

Which way?

위치 웨이?

---

12 몇 개입니까?

How many?

하우 메니?

---

13 입구가 어디입니까?

Where's the entrance?

웨어즈 디 엔트런스?

---

14 여기가 어디입니까?

Where are we?

웨어 아 위?

---

15 그건 어디서 살 수 있습니까?

Where can I buy it?

웨어 캔 아이 바이 잇?

01 계산을 부탁합니다.

Check, please.

첵, 플리즈

02 주문 부탁합니다.

Order, please.

오더, 플리즈

03 이거 하나 주시겠어요?

Can I have this one?

캔 아이 해브 디스 원?

04 맥주를 주십시오.

Can I have a beer?

캔 아이 해브 어 비어?

05 이걸 주세요.

I'll take it.

아윌 테이킷

06 지금 어디에 있는지 가르쳐 주시겠어요?

Could you show me where I am now?

쿠쥬 쇼 미 웨어 아이 엠 나우?

07 사무실까지 태워 주시겠어요?

Would you take me to the office?

우쥬 테익 미 투 디 오피스?

08 잠깐 여쭤봐도 될까요?

May I ask you something?

메아이 에스큐 썸씽?

09 여기에 앉아도 될까요?

May I sit here?

메아이 씻 히어?

10 안으로 들어가도 될까요?

May I come in?

메아이 커민?

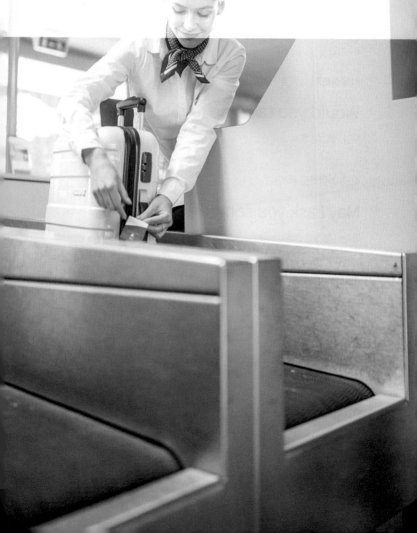

PART 01

출입국

∴ 단어 바꿔가면서 다양한 대표 회화 익히기

( )는(은) 있습니까?
Do you have _____ .

Coke
코-ㅋ 콜라

orange juice
오렌지 쥬스 **오렌지 주스**

wine
와인 **와인**

beer
비어 **맥주**

( )로 주세요.
_____ , please.

chicken
치킨 **닭고기**

pork
포크 **돼지고기**

beef
비프 **소고기**

seafood
씨푸드 **해산물**

( )를(을) 주세요.
Give me a _____ , please.

newspaper
뉴스페이퍼 **신문**

magazine
매거진 **잡지**

medicine
매디슨 **약**

pen
펜 **펜**

UNIT 01
기내에서

저의 좌석은 어디입니까?

Where's my seat?

웨어즈 마이 씻?

좌석 좀 확인해 주시겠어요?

Please, check my seat.

플리즈, 첵 마이 씻

탑승권 좀 보여주시겠어요?

Could I see your ticket?

쿠드 아이 씨 유어 티켓?

여기 앉아도 되겠습니까?

Would you mind my sitting here?

우쥬 마인드 마이 씻팅 히어?

46

가방을 어디에 두어야 합니까?

Where can I put my bag?

웨어 캔 아이 풋 마이 백?

실례지만. 여긴 제 자리 같은데요.

Excuse me, I think this is my seat.

익스큐즈 미, 아이 씽크 디시즈 마이 씻

좌석이 바뀐 것 같습니다.

Excuse me, there seems to be a mix-up.

익스큐즈 미, 데어 씸스 투 비 어 믹스 업

자리를 바꿔주실 수 있나요?

Could you change your seat with me?

쿠쥬 췌인지 유어 씻 위드 미?

친구 옆자리에 앉고 싶습니다.

I'd like to sit next to my friend.

아이드 라잌 투 씻 넥스 투 마이 프렌드

통로 쪽 자리로 앉을 수 있을까요?

Can I have an aisle seat?

캔 아이 해브 언 아일 씻?

빈자리 입니까?

Is this seat taken?

이즈 디스 씻 테이큰?

좀 지나가겠습니다.

Excuse me, Let me pass by.

익스큐즈미, 렛 미 패스 바이

출구는 어디에 있나요?

Where could I find a way out?

웨어 쿠드 아이 파인 더 웨이 아웃?

휴대전화를 쓸 수 있습니까?

Can I use my cell phone?

캔 아이 유즈 마이 셀 폰?

휴대전화는 사용하실 수 없습니다.

You can't use your cell phone.

유 캔트 유즈 유어 셀 폰

가방을 꺼내도 될까요?

Can I bring my bag?

캔 아이 브링 마이 백?

질문해도 될까요?

May I ask a question?

메이 아이 에스커 퀘스쳔?

안전벨트를 매 주십시오.

Please, fasten your seatbelt.

플리즈, 패쓴 유어 씻벨트

예정대로 도착합니까?

Is this plane going to arrive on time?

이즈 디스 플레인 고잉 투 어라이브 안 타임?

몇 시에 도착합니까?

What time do we arrive?

왓 타임 두 위 어라이브?

현지 시각으로 오전 9시에 도착합니다.

We arrive there at 9 am local time.

위 어라이브 데어 엣 나인 에이엠 로컬 타임

문제가 생긴 것 같습니다.

I think there's a mistake.

아이 씽크 데어즈 어 미스테일

화장실은 어디에 있습니까?

Where can I wash my hands?

웨어 캔 아이 워시 마이 핸즈?

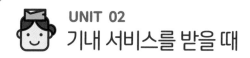
여기요.

Excuse me.

익스큐즈 미

뭐 마실 것 좀 주시겠어요?

Do you have something to drink?

두유 해브 썸싱 투 드링크?

어떤 음료를 드릴까요?

What would you like to drink?

왓 우쥬 라익 투 드링크?

어떤 종류의 음료가 있습니까?

What kind of drinks do you have?

왓 카인드 어브 드링크스 두 유 해브?

맥주 하나 더 주세요.

Another beer, please.

어너더 비어, 플리즈

식사는 언제 합니까?

When can I have a meal?

웬 캔 아이 해브 어 밀?

지금 식사 할 수 있습니까?

Can I have a meal now?

캔 아이 해브 어 밀 나우?

식사로 무엇이 있습니까?

What kind of dishes do you have?

왓 카인드 어브 디쉬즈 두 유 해브?

메인 요리로는 닭고기와 생선이 있습니다.

We have chicken and fish as the main dishes.

위 해브 취킨 앤 퓌시 애즈 더 메인 디쉬스

생선으로 하시겠어요 아니면 닭고기로 하시겠어요?

Would you like fish or chicken?

우쥬 라일 퓌시 오어 취킨?

닭고기 부탁합니다.

Chicken, please.

취킨, 플리즈

저는 안 먹겠습니다.

I'd like to skip the meal.

아이드 라일 투 스킵 더 밀

이것 좀 치워 주세요.

Please, take my tray.

플리즈, 테익 마이 트레이

영화 채널은 몇 번입니까?

Which channel is the movie on?

위치 채널 이즈 더 무비 안?

읽을 만한 잡지나 신문 있나요?

May I have any magazines or newspapers to read?

메아이 해브 애니 메거진스 오어 뉴스 페이퍼즈 투 리드?

담요 하나만 부탁드립니다.

I'd like a blanket, please.

아이드 라익 어 블랭컷, 플리즈

면세품 목록을 보여 주세요.

Would you show me a duty-free catalog, please?

우쥬 쇼 미 어 듀티-프리 카달록, 플리즈?

면세품을 구매할 수 있을까요?

Can I buy duty-free goods?

캔 아이 바이 듀티-프리 굿즈?

면세품을 사고 싶은데요.

I want to buy duty-free goods.

아이 원 투 바이 듀티-프리 굿즈

이걸로 주세요, 얼마입니까?

I'll take this. How much is it?

아월 테익 디스. 하우 머취 이즈 잇?

한국으로 보내 주실 수 있나요?

Can you send it to Korea?

캔유 센드 잇 투 코뤼아?

한국 돈을 받습니까?

Do you take Korean won?

두유 테익 코리언 원?

기내에서 엽서를 보낼 수 있나요?

Can I send a postcard?

캔 아이 샌드 어 포스트카드?

펜 좀 빌리고 싶은데요.

I'd like to borrow a pen.

아이드 라익 투 발로우 어 펜

UNIT 03
기내에서 몸이 불편할 때

문제 있으십니까?

Is there something wrong?

이즈 데어 썸씽 롱?

몸이 안 좋아 보이시네요. 필요한 것 있으세요?

You look sick. Can I help you?

유 룩 씩. 캔 아이 헬프 유?

기내가 좀 춥네요.

It's a little cold inside.

잇츠 어 리틀 콜드 인사이드

속이 좀 울렁거려요.

I feel airsick.

아이 필 에어식

몸이 좀 안 좋아요.

I don't feel well.

아이 돈트 필 웰

배가 아픕니다.

I have a stomachache.

아이 해브 어 스토먹에익

멀미에 먹는 약 있습니까?

Do you have any medicine for airsickness?

두유 해브 애니 메더쎤 포 에어식네스?

열이 납니다.

I have a fever.

아이 해브 어 퓌버

현기증이 납니다.

I'm dizzy.

아임 디지

가슴이 아픕니다.

I have a pain in chest.

아이 해브 어 페인 인 체스트

구토용 봉지 좀 부탁합니다.

Could you give me a paper bag?

쿠쥬 기브 미 어 페이퍼 백?

진통제가 필요합니다.

I need to take painkillers.

아이 니드 투 테익 페인킬러즈

약을 가져다 드리겠습니다.

I'll bring you some medicine.

아윌 브링 유 섬 메더썬

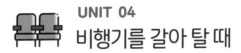

UNIT 04
비행기를 갈아 탈 때

탑승시간은 몇 시 입니까?

What time is the boarding time?

왓 타임 이즈 더 보딩 타임?

제 비행기는 예정 대로입니까?

Is my flight on schedule?

이즈 마이 플라이트 안 스케줄?

게이트는 몇 번 입니까?

What's the gate number?

왓츠 더 게이트 넘버?

탑승 게이트는 25번입니다.

The boarding gate is No 25.

더 보딩 게이트 이즈 넘버 투웨니 파이브

이 공항에 얼마나 머무나요?

How long should we wait?

하우 롱 슈드 위 웨잇?

몇 시에 출발 합니까?

What time will we leave?

왓 타임 윌 위 리브?

환승 비행기 탑승 수속은 어디에서 하나요?

Where can I check in for the transfer flight?

웨어 캔 아이 첵 인 포어 더 트랜스퍼 플라잇츠?

연결편을 타지 못했습니다.

I didn't transfer to my connecting flight.

아이 디든트 트렌스퍼 투 마이 커넥팅 플라이트

다른 항공편이 있을까요?

Can I check if there is another flight?

캔 아이 첵 이프 데어 이즈 언아덜 플라이트?

UNIT 05
입국심사를 받을 때

여권 좀 보여 주시겠습니까?

Can I see your passport, please?

캔 아이 씨 유어 패스포트 플리즈?

여행 목적이 무엇입니까?

What's the purpose of your visit?

왓츠 더 펄퍼스 어브 유어 비짓?

관광차 왔습니다.

I'm here on travel.

아임 히어 안 트레블

얼마나 머무를 예정입니까?

How long are you staying here?

하우 롱 아유 스테잉 히어?

2주 정도 머물 예정입니다.

About two weeks.

어바웃 투 윅스

이곳 방문은 처음입니까?

Is this your first time here?

이즈 디스 유어 퍼스트 타임 히어?

예, 처음입니다.

Yes, It's my first time.

예스, 잇츠 마이 퍼스트 타임

어디에서 머무릅니까?

Where are you staying?

웨어 아유 스테잉?

시내에 있는 힐튼호텔에서 머무를 예정입니다.

At the Hilton Hotel downtown.

엣 더 힐튼 호텔 다운타운

주소가 어떻게 됩니까?

What's the address?

왓츠 디 애드레스?

이곳에 친척이 있습니다.

I have some relatives here.

아이 해브 섬 렐러티브즈 히어

한국으로 돌아가는 티켓은 있습니까?

Do you have a return ticket to Korea?

두유 해브 어 리턴 티켓 투 코뤼아?

여기 있습니다.

This is the return ticket.

디스 이즈 더 리턴 티켓

동행이 있습니까?

Are you a member of a group?

아유 어 멤버 어브 어 그룹?

혼자입니다.

I'm traveling alone.

아임 트레블링 얼롱

친구들(가족)과 함께 여행합니다.

I'm traveling with my friends(family).

아임 트레블링 위드 마이 프렌즈(패밀리)

한국어 할 줄 아는 분이 계십니까?

Do you have someone who speaks Korean?

두유 해브 썸원 후 스픽스 코리언?

영어를 잘 하지 못합니다.

I can't speak English well.

아이 캔트 스픽 잉글리쉬 웰

이 양식 좀 써 주시겠어요?

Can you help me fill it out?

캔유 헬프 미 필 잇 아웃?

입국 신고서입니까?

Is this the immigration form?

이즈 디스 디 이미그레이션 폼?

어떻게 작성하나요?

How do I complete this form?

하우 두 아이 컴플릿 디스 폼?

무엇을 써야 합니까?

I don't know what to write here.

아이 돈트 노우 왓 투 롸이트 히어

비자를 가지고 있습니까?

Do you have a visa?

두유 해브 어 뷔자?

비자를 신청하고 싶습니다.

I'd like to apply for a visa.

아이드 라잌 투 어플라이 포러 뷔자

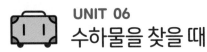

수하물 찾는 곳이 어디입니까?

Where's the baggage claim area?

웨어즈 더 베기쥐 클레임 에어리어?

513편 수하물 컨베이너는 어디 있습니까?

Where is the carousel for flight 513?

웨어 이즈 더 케어러셀 포 플라잇 파이브 원 쓰리?

제 가방이 아직 나오지 않았습니다.

My baggage hasn't come out yet.

마이 베기쥐 해즌트 컴 아웃 옛

제 짐을 찾을 수가 없어요.

I can't find my baggage.

아이 캔트 파인드 마이 베기쥐

수하물 보관증을 보여주시겠어요?

Let me see your baggage claim tag.

렛 미 씨 유어 베기쥐 클레임 택

수하물 사고 신고서를 작성해 주시겠습니까?

Would you fill in the 'Baggage Claim Report', please.

우쥬 필 인 더 '베기쥐 클레임 리폿트', 플리즈

분실물 신고는 어디에서 합니까?

Where is the counter for reporting missing bags?

웨어 이즈 더 카운터 포 리포어팅 미씽 배그즈?

언제쯤이면 찾을 수 있을까요?

When can I find it?

웬 캔 아이 파인딧?

UNIT 07
세관신고를 할 때

신고할 것이 있습니까?

Do you have anything to declare?

두유 해브 애니씽 투 디클레어?

아니요. 없습니다.

No, I don't.

노, 아이 돈트

가방을 열어 주십시오.

Please, open your suitcase.

플리즈, 오픈 유어 슛케이스

이 짐이 전부입니까?

Is this baggage all you have?

이즈 디스 베기쥐 올 유 해브?

세관 신고서 좀 보여 주세요.

Let me see your customs declaration form.

렛 미 씨 유어 커스텀즈 디클러레이션 폼

이것을 세관에 신고해야 하나요?

Should I declare this?

슈드 아이 디클레어 디스?

관세를 지불해야 합니까?

Do I have to pay duty?

두 아이 해브 투 페이 듀티?

이것은 관세를 내셔야 합니다.

You have to pay duty.

유 해브 투 페이 듀티

관세는 얼마 입니까?

How much is the duty?

하우 머취 이즈 더 듀티?

관세 20달러를 내셔야 합니다.

I have to charge you a $20 duty for that.

아이 해브 투 챠쥐 유 어 투웬티달러스 듀티 포 댓

그것은 반입이 금지된 물품입니다.

That's a prohibited item.

댓츠 어 프로히비디드 아이템

관세는 어디서 지불 하면 됩니까?

Where should I pay the duty?

웨어 슈드 아이 페이 더 듀티?

이것은 무엇입니까?

What's this for?

왓츠 디스 포?

그것은 친구의 선물입니다.

It's a souvenir for my friend.

잇츠 어 수비니어 포 마이 프렌드

이 물건의 가격은 대략 얼마입니까?

What's the approximate value of it?

왓츠 디 어프록씨메잇 밸류 어브 잇?

한국에서 2만원 정도 합니다.

It's worth about twenty thousand won.

잇츠 월쓰 어바웃 투웬티 싸우젼드 원

현금을 얼마나 소지하고 계신가요?

How much cash do you have?

하우 머취 캐쉬 두 유 해브?

현금으로 5만원, 미화 500불이 있습니다.

I have 500 US dollars and fifty thousand won.

아이 해브 파이브 헌드레드 유에스 달러즈 앤 퓌프티 싸우젼드 원

공항
airport
에어포트

항공권
Airline ticket
에어라인 티켓

입국
enter
엔터

여권
passport
패스포트

국제선
international airport
인터내셔널 에어포트

탑승구
boarding gate
보딩 게이트

면세점
duty free shop
듀티 프리샵

환전소
exchange office
익스췌인지 어피스

비자
visa
비자

비행기
airplane
에어포트

수하물
luggage
러기쥐

세관
customs
커스텀스

비상버튼
emergency bell
이머전시 벨

여자 승무원
stewardess
스튜어디스

항공사
airline
에어라인

대기
stand by
스탠 바이

비어 있음
vacant
베이컨트

화장실
rest-room
레스트룸

좌석번호
seat number
씻 넘버

안전벨트
seat belt
씻 벨트

선물
gift
기프트

공항세
airport tax
에어포트 텍스

진통제
painkiller
페인킬러

환승
transfer
트랜스퍼

출국 시 알아두어야 할 에티켓

공항에서

항공사가 규정하는 무료 수하물을 잘 챙겨간다면 체크인 시 초과한 무게만큼 수화물을 여기저기 옮기는 수고를 덜 수 있다. 또한, 수화물에 넣지 말아야 할 물건들을 잘 체크해 보는 것도 중요하다. 반드시 TAG(짐을 부칠 때
항공사에 주는 꼬리표, 보통 항공편명, 출발지, 도착지, 시간이 적혀 있음)을 받고 가방에도 이름표를 꼭 달아놓는다. 탑승 마감 시간 전에 자신의 비행기 출발 게이트에서 대기하는 것이 좋다. 의외로 탑승 마감 시간을 넘기는 사람이 많다는 것을 항상 상기하자.

좌석에서

● 기내에서 간편한 옷차림을 하거나 슬리퍼를 신는 것은 괜찮다. 그러나 내의 바람이 된다거나 양말을 벗는 행위는 곤란하다. 발이 피곤하면 신발을 벗는 것은 가능하나 벗은 채 기내를 돌아다니거나 신발 벗은 발이 타
인에게 보이도록 자세를 취하는 것은 실례가 되므로 조심해야 한다.

● 승무원을 부를 때는 승무원 호출버튼을 누르거나 통로를 지날 때 가볍게 손짓하거나 눈이 마주칠 때 살짝 부른다. 우리 식으로 손을 흔들어 부르는 것은 예의에 어긋난다.

- 좌석의 등받이를 뒤로 제칠 때는 지나치게 제치면 안 된다. 식사가 시작되면 제쳐놓은 등받이를 반드시 원위치로 해 놓는다. 베개와 모포는 보통 좌석에 준비되어 있다.

식사를 할 때

- 식사 서비스가 시작되면 일단 자기 자리로 가서 좌석의 등받이를 일으켜 세우고 식사용 간이 테이블을 펴놓고 기다린다.

- 식사나 음료 서비스를 받을 때는 "Thanks"라고 감사 표시를 하는 것 이 좋은 매너이다. 식사가 끝나면 반드시 식사 테이블을 원위치로 올려놓아야 한다. 기내에서 술을 마시면 지상에서 술을 마시는 것보다 빨리 취한다.

화장실에서

- 남녀 공용이므로 화장실에 들어가면 반드시 안에서 걸어 잠가야 한다. 그래 야 밖에 '사용 중(Occupied)'이라는 표시가 나타난다. 잠그지 않을 경우 '비어 있음(Vacant)' 이라는 표시가 되어 다른 승객이 문을 열게 된다.
- 사용 후에는 반드시 세척(Toilet Flush)이라 표시된 버튼을 누르고, 그래도 더러울 때는 화장지로 닦아준다.
- 세면대는 될 수 있는 대로 짧게 사용하고 사용 후에는 타월로 물기를 닦아 깨 끗하게 해주는 것이 상식이다. 사용한 타월은 반드시 Towel Disposal에 넣 어야 한다. 또한 세면대에 비치된 스킨 토닉(Skin Tonic)이나 애프터 세이브 (After Shave)는 사용 후 가지런히 정돈한다.
- 안전벨트 착용 사인이 켜져 있는 동안은 화장실 사용은 원칙적으로 금지되어 있다.

입국카드 작성

DEPARTMENT OF HOMELAND SECURITY
U.S. Customs and Border Protection
OMB No. 1651-0111

미국에 오신 것을 환영합니다
I-94 입국/출국 기록
작성 지침

미국 국민, 미국 영주권자, 이민비자를 소지한 외국인, 미국을 방문 또는 통과하는 캐나다 국민을 제외한 모든 입국자는 본 양식을 작성해야 합니다.
잉어 대문자로 정확히 읽을 수 있도록 작성하십시오. 영어만 쓰시요 양식의 뒷면에는 기입하지 마십시오.

이 양식은 두 부분으로 구성되었습니다. 입국 기록(항목 1에서 17까지)과 출국 기록(항목 18에서 21까지)를 모두 작성하십시오.
모든 항목을 작성한 후 이 양식을 CBP 직원에게 제출하십시오.
항목9- 육로통 통해서 미국에 입국하는 경우, 여기에 LAND를 기입하십시오.
선박을 이용해서 미국에 입국하는 경우, 여기에 SEA를 기입하십시오.

CBP Form I-94 (0508)

입국 기록
OMB No. 1651-0111
접수 번호

7 8 6 1 3 5 9 8 3 33
□□□□□□□□□□

1. 성
2. 이름
3. 생년월일 (일/월/년)
4. 국적
5. 성별 (남 또는 여)
6. 여권 발급일 (일/월/년)
7. 여권 유효기간 (일/월/년)
8. 여권 번호
9. 항공회사 및 항공편 번호
10. 거주 국가
11. 항공편 탑승 국가
12. 비자를 발급 받은 도시
13. 비자 발급일 (일/월/년)
14. 미국 거주기간 동안의 주소(번호 및 거리 이름)
15. 도시및 주
16. 미국 거주기간 동안의 전화번호
17. 이메일 주소

CBP Form I-94 (0508)

DEPARTMENT OF HOMELAND SECURITY
U.S. Customs and Border Protection
OMB No. 1651-0111

출국 기록
접수 번호

7 8 6 1 3 5 9 8 3 33
□□□□□□□□□□

18. 성
19. 이름
20. 생년월일 (일/월/년)

❶ 성
❷ 이름
❸ 생년월일
   (일, 월, 년도 순서로 적는다)
❹ 현재 거주 국가
❺ 성별(남자는 Male, 여자는 Female)
❻ 여권 발급일
❼ 여권 유효기간
❽ 여권 번호
❾ 항공편 번호(예를 들어 유나이티드 860이면 UA860)
❿ 거주 국가
⓫ 항공권 탑승 국가 (도시 이름, 인천 이면 Incheon)
⓬ 비자를 발급받은 도시 (서울대사관이면 Seoul)
⓭ 비자를 발급받은 날짜
⓮ 미국에 거주할 곳 주소만
⓯ 미국에 거주할 곳 도시, 주 (예 : 294 S.oxford, los angeles, CA 90005라면, 294 S.oxford는 12번에 Los angeles, CA 90005는 13번에 적는다)
⓰ 미국에 거주할 곳 전화번호
⓱ 이메일 주소

76

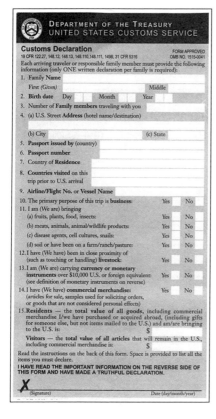

❶ 성

❷ 생년월일

❸ 혼자 입국 시에는 ○이라 고 표시, 세 사람이 들어오 면 본인을 제외하고 2라고 기재

❹ 미국에서 거주할 주소

❺ 여권을 받은 곳, 한국이면 KOREA

❻ 여권번호

❼ 현재 거주하는 곳 한국이 면 KOREA

❽ 미국에 오기 전에 방문한 나라

❾ 항공편 번호

10번 질문부터는 세관과 연관이 있다

❿ 이번 여행이 상업적인 목적인가?

⓫ 가지고 오는 짐 속에 들은 내용품에 관해서 입니다.

(a) 식품이나 과일 등을 가지고 들어오는가?

　　금지품이 아니면 관계 없으니 사실대로 기재를 한다.

(b) 고기, 동물이나 야생동물로 만든 제품을 가지고 오는 여부

(c) 달팽이나 패류 등을 소지했나 여부.

(d) 흙 등을 소지한 여부.

⑫ 가축 등을 만지거나 돌보거나 한 적이 있는가 여부.

⑬ 미화 10,000불 이상을 소지 하고 있는가?

⑭ 상업용 견본을 소지했는가 여부, 팔거나 아니면 부탁으로 가지고 오는 것 등.

⑮ 미국 거주자에 한해서 가지고 들어오는 물건의 금액. Redidents는 미국 거주자가 적을 곳, 방문객이나 유학생 등 미국거주자가 아닌 경우에는 Visitor에 적습니다.

세계 국제 공항

인천국제공항 Incheon International Airport

아시아의 허브 공항을 목표로 건설되어 깨끗하고 빠르며 안전한 공항을 만들기 위해 노력하고 있다. 또한 편리한 공항을 만들기 위해 무료 샤워시설과 휴식 공간, 인터넷, 어린이 놀이방 등이 운영되고 있다. 관광객을 위한 한국문화체험관과 각종 공연도 펼쳐지고 있어 공항을 찾는 방문객에게 즐거움을 준다. 리무진 버스는 여객터미널과 가장 가까운 곳에 하차할 수 있는 장점이 있고 공항철도의 경우 비용이 저렴한 반면 탑승수속 카운터까지 이동시

간이 상당하다.

독일 프랑크푸르트국제공항 Frankfurt Main Airport

프랑크푸르트국제공항은 유럽 중앙부에 위치한 지리적 조건으로 인하여 유럽 교통 중심지 역할을 하고 있어 여객 수송과 화물 실적, 환승 공항으로서의 역할 등 명실공히 허브공항으로서의 몫을 담당하고 있다. 상대적으로 인천공항에 비하여 편의시설과 서비스는 부족한 편이고 면세점 규모도 작다. 프랑크푸르트 시내 남서쪽에 위치하고 있으며 전철로 20분이면 시내에 도착할 수 있다. 택시나 버스의 경우 20~40분 소요된다. 1, 2터미널로 나눠져 있으며 터미널 1이 메인으로 버스나 택시 등은 터미널 1에서 이용해야한다.

미국 시카고오헤어국제공항 Chicago O'Hare International Airport

시카고 출신 전투기 조종사 에드워드 오헤어 소령의 이름을 딴 오헤어국제공항은 미국에서 존에프케네디국제공항과 함께 이착륙 비행기가 가장 많은 곳으로 항공노선과 도로망이 집결되어 있다. 항공 이용이 많은 미국의 특성상 국내선 비행기가 주류를 이루기 때문에 면세점의 규모가 상당히 작고 서비스도 많이 부족한 편이다. 오헤어국제공항은 결항과 딜레이로 악명이 높은데 이는 시카고의 날씨와 무관하지 않다. '바람의 도시'라고 불릴 정도로 연중 바람이 매우 강하게 불고 눈이 많이 내리기 때문이다.

아랍에미리트 두바이국제공항 Dubai International Airport

아시아와 북미, 남미, 유럽, 아프리카를 연결하는 세계적인 교통의 요충지로 화물처리양도 세계 최고 수준이다. 대륙과 대륙을 잇는 공항이기 때문에 다국적 사람들로 불야성을 이루어 상점과 면세점도 24시간 운영하기 때문에 새벽에 도착해도 불편함이 없다. 면세점도 상당한 규모이고 아랍 토산물도 다양하게 판매하여 쇼핑의 즐거움이 있다. 대기시간 4시간 이상일 경우 간단한 조식뷔페 정도의 식사를 무료로 제공한다. 출·입국 수속도 빠르고 국제공항으로서의 완벽한 모습을 갖추고 있다는 평가이다.

PART 02
호텔

∴ 단어 바꿔가면서 다양한 대표 회화 익히기

( )가(이) 작동하지 않습니다.
The _____ **is not working.**

air conditioner
에어 컨디셔너 에어콘

television
테레비젼 텔레비젼

refrigerator
러프리저레이터 냉장고

dryer
드라이어 드라이기

( )은 어디에 있습니까?
Where is the _____ **?**

lobby
롸비 로비

shopping mall
샤핑 몰 쇼핑몰

swimming pool
스위밍 풀 수영장

gym
짐 헬스클럽

( ) 좀 가져다 주세요.
Bring me some _____ **please.**

water
워터 물

toilet paper
투왈렛 페이퍼 휴지

towel
타월 수건

soap
소웁 비누

UNIT 01
호텔을 예약할 때

방을 예약 하고 싶은데요.

I'd like to make a reservation for a room.

아이드 라잌 투 메이커 레져베이션 포 어 룸

예약확인을 하고 싶은데요.

I'd like confirm my reservation.

아이드 라잌 컨펌 마이 레져베이션

예약 하셨습니까?

Have you reserved the room?

해브 유 리절브드 더 룸?

예약을 하지 않았습니다.

I don't have a reservation.

아이 돈트 해브 어 레져베이션

미리 예약 했습니다.

I made a reservation in advance.

아이 메이드 어 레져베이션 인 어드밴스

영희란 이름으로 예약했습니다.

I made a reservation under younghee.

아이 메이드 어 레져베이션 언더 영희

하룻밤 숙박료가 얼마입니까?

What's the rate for a night?

왓츠 더 레잇 포 어 나이트?

얼마 동안 묵으실 예정인가요?

How long will you stay?

하우 롱 윌 유 스테이?

트윈룸으로 3박 예약하고 싶습니다.

I'd like to reserve a twin room for three nights.

아이드 라잌 투 리절브 어 트윈 룸 포 쓰리 나잇츠

전망 좋은 1인실(2인실)로 부탁합니다.

I'd like a single(double) room with a nice view.

아이드 라잌 어 싱글(더블)룸 윗 어 나이스 뷰

아침식사는 포함된 가격입니까?

Is breakfast included?

이즈 브렉풔스트 인클루디드?

아닙니다. 객실료 뿐입니다.

No, only room charge.

노우, 온니 룸 챠지

더 싼 방은 없습니까?

Don't you have a cheaper room?

돈츄 해브 어 치퍼 룸?

방을 먼저 볼 수 있을까요?

Can I see the room first?

캔 아이 씨 더 룸 퍼스트?

예약을 취소하고 싶습니다.

I'd like cancel my reservation.

아이드 라잌 캔슬 마이 레져베이션

예약을 취소하면 위약금이 있나요?

Is there a penalty if I cancel the reservation?

이즈 데어 러 페널티 이프 아이 캔슬 더 레져베이션?

세금이 포함된 가격입니까?

Is the tax included?

이즈 더 택스 인클루디드?

하루 더 묵을 수 있을까요?

Can I stay one more day?

캔 아이 스테이 원 모어 데이?

체크인을 하려고 할 때

체크인 하고 싶은데요.

I'd like to check in.

아이드 라잌 투 첵 인

성함이 어떻게 되십니까?

May I have your name?

매이 아이 해브 유어 네임?

숙박 카드를 기입해 주십시오.

Please fill in the registration card.

플리즈 필 인 더 레지스트레이션 카드

숙박카드는 어떻게 작성합니까?

Could you tell me how to write it, please?

쿠쥬 텔 미 하우 투 라이트 잇, 플리즈?

지불은 어떻게 하시겠습니까?

How would you like to pay for the charge?

하우 우쥬 라익 투 페이 포 더 챠지?

신용카드로 하겠습니다.

I'll pay with my credit card.

아윌 페이 윗 마이 크레딧 카드

방값은 이미 지불 했습니다.

I already paid for the room.

아이 얼레디 페이드 포 더 룸

체크인은 몇 시부터입니까?

What time can I check in?

왓 타임 캔 아이 첵 인?

87

지금 바로 체크인 하셔도 됩니다.

You can check in right now.

유 캔 첵 인 라잇 나우

예약이 되어 있지 않은데요.

I'm sorry we didn't get your reservation.

아임 쏘리 위 디든트 겟 유어 레져베이션

예약 확인서를 보여주시겠어요?

Can I see your confirmation slip?

캔 아이 씨 유어 컨퍼메이션 슬립?

저는 여행사를 통해 예약했습니다.

A travel agency made a reservation for me.

어 트레블 에이전씨 메이드 어 레져베이션 포 미

도착이 늦을 거 같은데 예약은 취소하지 말아 주십시오.

I'll be late, but I won't cancel my reservation.

아윌비 레잇, 벗 아이 웡트 켄슬 마이 레져베이션

비행기 사정으로 도착이 늦을 것 같습니다.

I'll be late because of the plane.

아월 비 레잇 비커즈 어브 더 플레인

죄송합니다. 오버부킹이 되었습니다.

I'm sorry, it's overbooked.

아임 쏘리, 잇츠 오버북트

다른 호텔을 추천해 주시겠어요?

Would you recommend any other hotel?

우쥬 레커멘드 애니 어더 호우텔?

짐을 방으로 옮겨 주시겠습니까?

Could you bring my bags to my room?

쿠쥬 브링 마이 백스 투 마이 룸?

방 열쇠입니다. 즐거운 시간 되세요.

Here is the key. Enjoy your stay.

히어 이즈 더 키. 엔조이 유어 스테이

UNIT 03
호텔 부대시설을 이용할 때

룸서비스를 이용할 수 있습니까?

Is room service available?

이즈 룸 서비스 어베러블?

제 방으로 사람을 좀 보내주시겠어요?

Can you send someone up to my room?

캔유 센드 섬원 업 투 마이 룸?

오후 3시경에 택시를 불러 주시겠어요?

Could you please get a taxi for me at 3 p.m.?

쿠쥬 플리즈 겟 어 택시 포 미 엣 쓰리 피엠?

룸서비스는 몇 시에 끝나나요?

What time does room service stop serving?

왓 타임 더즈 룸 서비스 스탑 서빙?

아침식사를 방으로 좀 보내주세요.

Please send breakfast to my room.

플리즈 센드 브렉퍼스트 투 마이 룸

내일 아침 7시에 모닝콜 부탁 드립니다.

I need a wake-up call at 7am tomorrow morning.

아이 니드 어 웨익 업 콜 앳 쎄븐 에이엠 투마로우 모닝

객실 정리 좀 해 주시겠어요?

Could you make up the room?

쿠쥬 메익 업 더 룸?

귀중품을 보관 할 수 있습니까?

Can I keep my valuables here?

캔 아이 킵 마이 벨류어블즈 히어?

호텔에 어떤 시설이 있습니까?

What kind of facilities are in the hotel?

왓 카인드 어브 퍼실러티스 알 인 더 호텔?

세탁 서비스는 있습니까?

Is there laundry service?

이즈 데어 런드리 서비스?

세탁을 부탁합니다.

Laundry service, please.

런드리 서비스, 플리즈

이 셔츠를 다림질해 주시겠어요?

Can you iron this shirt, please?

캔유 아이언 디스 셔츠, 플리즈?

얼룩을 뺄 수 있을까요?

Can you get this stain out?

캔유 겟 디스 스테인 아웃?

세탁하는데 얼마나 걸립니까?

How long does it take to laundry this shirt?

하우 롱 더즈 잇 테익 투 런드리 디스 셔츠?

세탁물이 다 됐나요?

Is my laundry ready?

이즈 마이 런드리 레디?

제 것이 아닙니다.

This is not mine.

디스 이즈 낫 마인

하나가 없습니다.

There's one piece missing.

데어즈 원 피스 미씽

호텔 안에 선물 가게가 있습니까?

Is there a gift shop in this hotel?

이즈 데어 어 기프트 샵 인 디스 호텔

어떤 것을 팔고 있습니까?

What kind of gifts do they have?

왓 카인드 어브 기프츠 두 데이 해브?

사우나는 있습니까?

Is there a sauna?

이즈 데어 러 사우나?

미용실이 있나요?

Is there a beauty salon here?

이즈 데어 러 뷰티 살롱 히어?

미용실은 예약을 해야 합니까?

Do I have to make a reservation for the beauty salon?

두 아이 해브 투 메이크 어 레져베이션 포 더 뷰티 살롱?

수영장을 무료로 이용할 수 있나요?

Can I use the swimming pool for free?

캔 아이 유스 더 스위밍 풀 포 프리?

헬스클럽은 언제 닫는지 궁금합니다.

I wonder when you close the fitness.

아이 원더 웬 유 클로즈 더 피트니스

어떤 쇼를 상영하나요?

What kind of shows do you have in this club?

왓 카인드 어브 쇼우즈 두 유 해브 인 디스 클럽?

청구서는 제 방으로 보내 주세요.

Charge the bill to my room, please.

차아쥐 더 빌 투 마이 룸, 플리즈

객실 열쇠 좀 보관해 주세요.

I want to you keep my room key, please.

아이 원 투 유 킵 마이 룸 키, 플리즈

열쇠 좀 주시겠습니까?

Can you have my room key back?

캔 유 해브 마이 룸 키 백?

UNIT 04
호텔 내에서의 트러블

객실 호수를 잊어버렸습니다.

I forgot my room number.

아이 포갓 마이 룸 넘버

제 방에 문제가 생겼습니다.

I've got a problem in my room.

아이브 갓 어 프라블럼 인 마이 룸

제가 예약한 방이 아닌 것 같습니다.

It's not the room I booked a reservation for.

잇츠 낫 더 룸 아이 북트 어 레져베이션 포

방문이 잠겼어요.

I'm locked out of my room.

아임 락트 아웃 어브 마이 룸

샤워기가 고장난 것 같습니다.

It seems like the shower is broken.

잇 심스 라익 더 샤워 이즈 브로큰

TV가 고장 났습니다.

The TV is out of order.

더 티브이 이즈 아웃 오브 오더

방을 바꾸고 싶습니다.

I'd like to change my room.

아이드 라익 투 체인지 마이 룸

너무 시끄러워서 잠을 잘 수가 없습니다.

It's too noisy to sleep in this room.

잇츠 투 노이지 투 슬립 인 디스 룸

더운 물이 나오지 않습니다.

There's no hot water.

데어즈 노 핫 워터

수도꼭지가 고장인 것 같습니다.

I think the faucet is broken.

아이 씽크 더 포씻 이즈 브로큰

수리할 수 있는 사람을 좀 보내주세요.

Please send someone to fix it.

플리즈 센드 섬원 투 픽스 잇

방이 너무 춥습니다 / 덥습니다.

It is too cold / hot.

잇 이즈 투 콜드 / 핫

방이 아직 청소 되지 않았습니다.

My room hasn't been cleaned yet.

마이 룸 해즌트 빈 클린드 옛

마스터키를 부탁드립니다.

The master key, please.

더 마스터 키, 플리즈

열쇠를 잃어 버린것 같습니다.

I think I've lost my key.

아이 씽크 아이브 로스트 마이 키

휴지가 없네요.

There's no paper.

데어즈 노 페이퍼

변기 물이 내려가지 않습니다.

The toilet is clogged up.

더 토일렛 이즈 클로그드 업

타월이 너무 더럽습니다.

The towels are not clean.

더 타월즈 아 낫 클린

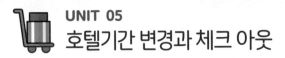

체제 기간을 이틀 연장하고 싶습니다.

I'd like to stay two more nights, please.

아이드 라잌 투 스테이 투 모어 나잇츠, 플리즈

하루 일찍 떠나고 싶습니다.

I'd like to leave one day earlier.

아이드 라잌 투 리브 원 데이 얼리어

2시간 늦게 체크아웃을 해도 됩니까?

Can I leave the room two hour later?

캔 아이 리브 더 룸 투 아워 레이러?

짐을 옮겨줄 짐꾼이 필요합니다.

I need a porter to take my baggage.

아이 니드 어 포터 투 테잌 마이 베기쥐

방에 두고 온 것이 있습니다.

I left something in my room.

아이 레프트 썸씽 인 마이 룸

짐을 5시까지 보관해 주실 수 있나요?

Can you keep my baggage until 5 o'clock?

캔유 킵 마이 베기쥐 언틸 퐈이브 어클락?

체크아웃을 하고 싶은데요.

Check out, please.

체크 아웃, 플리즈

총 숙박료가 어떻게 됩니까?

What's my total?

왓츠 마이 토탈?

현금으로 하십니까, 카드로 하십니까?

Cash or credit card?

캐쉬 오어 크레딧카드?

이 신용카드로 지불하고 싶습니다.

I'd like to pay with this credit card.

아이드 라잌 투 페이 윗 디스 크레딧카드

계산이 잘못 된 것 같습니다.

I think there's a mistake here.

아이 씽크 데어즈 어 미스테잌 히어

명세서를 볼 수 있을까요?

Can I check my bill?

캔 아이 첵 마이 빌?

이 금액은 뭡니까?

What is this amount for?

왓 이즈 디스 어마운트 포?

룸서비스를 사용하셨습니까?

Did you use any room service?

디쥬 유즈 애니 룸 서비스?

네, 세탁서비스를 이용했습니다.

Yes, I used laundry service.

예스, 아이 유즈드 런드리 서비스

영수증을 주시겠어요?

Can I have a receipt?

캔 아이 해브 어 리씻?

택시를 불러 주시겠어요?

Can you call me a taxi?

캔유 콜 미 어 택시?

공항까지 리무진 버스를 이용할 수 있습니까?

Is it possible to use a limousine bus to the airport?

이즈 잇 파서블 투 유즈 어 리무진 버스 투 디 에어포트?

체크인
check-in
체크 인

체크아웃
check-out
체크 아웃

예약
reservation
레저베이션

예약 확인증
confirmation slip
컨퍼메이션 슬립

사인
signature
시그니처

도착
arrival
어라이벌

안내데스크
front desk
프런트 데스크

비상구
emergency exit
이머전씨 엑씻

늦추다, 연기하다
delay
딜레이

귀중품 보관소
safety box
세이프티 박스

빈방
vacancy
배컨씨

아침식사
breakfast
블랙퍼스트

욕실 **bath** 배쓰	비누 **soap** 소웁
창문 **window** 윈도우	사우나 **sauna** 사우나
흡연구역 **smoking area** 스모킹 에어리어	담요 **blanket** 블랭킷
베개 **pillow** 필로우	에어컨 **air conditioner** 에어 컨디셔너
슈퍼마켓 **supermarket** 슈퍼마켓	계산서 **bill** 빌
신용카드 **credit card** 크뤠딧 카드	현금 **cash** 캐쉬

호텔에서 꼭 알아두어야 할 용어

• CHECK IN

호텔 투숙의 절차. 보통 오후 10시
까지 이루어지며, 예약 확인, 숙박
카드의 기입, 객실료 지불, 방열쇠
받기 등 일련의 과정을 말한다.

• CHECK OUT

호텔 체크아웃의 절차. 보통 오전 12시까지 이루어지며 전화 요금, 식사대, 세탁
요금 등의 모든 요금을 정산한다.

• DOUBLE ROOM

2인용으로 더블베드가 하나 있으며, 주로 부부간에 여행할 때 사용되는 방이
다.

• SINGLE ROOM

1인용으로 싱글베드가 하나 있는 방이며, 호텔에 따라서는 더블베드가 놓이기
도 한다.

• SUITE ROOM

침실이 별도의 방으로 되어 있으며 거실에서 업무를 볼 수 있다.

• TWIN ROOM

2인용으로 싱글베드가 두 개 있는 방이다.

• HOTEL VOUCHER

호텔 숙박권으로 호텔과 호텔 예약 시스템을 운영하고 있는 여행사 간에 계약을 통해 고객이 호텔 체크인 시 여행사가 발급한 호텔 바우처만으로 투숙이 가능하도록 한 것으로 현금과 동일한 성격이라 할 수 있다.

● PORTER

고객이 호텔에 도착하면 짐을 객실이나 프런트로 운반해 주는 서비스맨으로 보통 짐을 운반해 준 포터에게 US$ 1 정도의 팁을 준다.

● MORNING CALL(WAKE UP CALL)

아침에 손님이 요구한 시간에 맞춰서 전화를 통해 손님을 깨워주는 서비스이다.

● AMERICAN BREAKFAST

미국식 아침식사로 유럽식 아침식사(콘티넨털 블렉퍼스트) 메뉴 외에 주스, 스크램블에 그 및 베이컨 등이 추가되는 식사이다.

● SAFETY BOX

프런트 데스크에 마련되어 있는 것으로 현금이나 귀중품 등을 외출 시에 맡길 수 있으며, 방 번호와 이름만 알려 주면 무료로 사용할 수 있다.

● ROOM SERVICE

아침식사나 저녁, 간식을 주문하면 객실로 가져다 주는 서비스로 객실 내에 비치되어 있는 주문표를 참조하여 주문한다. 편리하지만 요금이 일반가보다 비싼 경우가 많다.

PART 03

레스토랑

∴ 단어 바꿔가면서 다양한 대표 회화 익히기

( )을(를) 주시겠어요?
Can I **, please?**

napkin
냅킨 냅킨

coffee
커퓌 커피

beer
비어 술

sugar
슈거 설탕

( )는 내가 제일 좋아하는 음식입니다.
is my favorite food.

pizza
핏자 피자

steak
스테잌 스테이크

lobster
랍스터 바닷가재

Lamb
램 양고기

( )은(는) 넣지 말아 주세요.
Please don't add **.**

garlic
갈릭 마늘

pepper
페퍼 후추

ginger
진저 생강

onion
어니언 양파

UNIT 01
레스토랑 찾기와 예약하기

좋은 식당을 추천해 주시겠습니까?

Can you recommend a good restaurant?

캔유 레커멘드 어 굿 레스토랑?

이곳에 한국 레스토랑이 있나요?

Do you have a Korean restaurant?

두유 해브 어 코리언 레스토랑?

우리 저녁 식사같이 할까요?

Shall we have dinner together?

셀 위 해브 디너 투게더?

어디서 드시고 싶어요?

Where do you want to eat?

웨어 두 유 원 투 잇?

해산물을 먹고 싶은데요.

I'd like to have seafood.

아이드 라익 투 해브 씨푸드

뷔페를 찾고 있습니다.

I'm looking for an all-you-can-eat restaurant.

아임 룩킹 포 언 올 유 캔 잇 레스토랑

이 지역 특산물 요리는 무엇입니까?

What are the local specialty dishes?

왓 아 더 로컬 스페셜티 디쉬즈?

비싸지 않은 식당을 찾습니다.

I want to go to an inexpensive restaurant.

아이 원 투 고 투 언 인익스펜시브 레스토랑

더 싼 곳은 없습니까?

Is there a cheaper restaurant?

이즈 데어 러 칩퍼 레스토랑?

그곳은 어디에 있습니까?

Where is it located?

웨어 이즈 잇 로케이티드?

근처에 있습니까?

Is it near here?

이즈 잇 니어 히어?

어떻게 갑니까?

How do I get there?

하우 두 아이 겟 데어?

얼마나 걸립니까?

How long will it take?

하우 롱 윌 잇 테익?

몇 시까지 영업합니까?

What time does the restaurant close?

왓 타임 더즈 더 레스토랑 클로즈?

예약 할 수 있나요?

Can I make a reservation?

캔 아이 메익 어 레져베이션?

그 시간에는 자리가 없습니다.

All the tables are reserved for that time.

올 더 테이블즈 아 리절브드 포 댓 타임

몇 분이십니까?

How many are there in your party?

하우 메니 아 데어 인 유어 파티?

5인석 예약해 주십시오.

I'd like to make a reservation for five.

아이드 라익 투 메익 어 레져베이션 포 파이브

몇 시에 오십니까?

What time will you come?

왓 타임 윌 유 컴?

오후 6시에 4명이 갑니다.

Four people are going at 6 p.m.

포어 피펄 아 고우잉 앳 식스 피엠

성함이 어떻게 되십니까?

May I have your name?

메이 아이 해브 유어 네임?

전화번호를 말씀해 주시겠어요?

May I have your phone number, please?

메이 아이 해브 유어 폰 넘버, 플리즈?

예약을 취소하고 싶습니다.

I'd like to cancel my reservation.

아이드 라잌 투 켄슬 마이 레져베이션

예약시간을 변경할 수 있을까요?

Can I change my reservation time?

캔 아이 체인지 마이 레져베이션 타임?

금연석으로 부탁드립니다.

I'd like to be in the non-smoking section.

아이드 라잌 투 비 인 더 논 스모킹 섹션

창가 쪽으로 예약할 수 있나요?

Can I make a reservation by the window?

캔 아이 메잌 어 레져베이션 바이 더 윈도우?

죄송합니다. 좀 늦을 것 같네요.

I'm sorry. I think I'll be a little late.

아임 쏘리. 아이 씽크 아윌 비 어 리틀 레잇트

저녁 식사에 얼마가 필요한가요?

How much do we need for the dinner?

하우 머취 두 위 니드 포 더 디너?

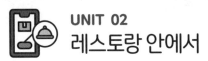

UNIT 02
레스토랑 안에서

빈자리가 있습니까?

Can I get a seat?

캔 아이 겟 어 씻?

지금은 빈자리가 없습니다.

All the seats are taken right now.

올 더 씻츠 아 테이큰 라잇 나우

예약 하셨습니까?

Did you make a reservation?

디쥬 메익 어 레져베이션?

예약은 하지 않았습니다.

I don't have a reservation.

아이 돈트 해브 어 레져베이션

116

얼마나 기다려야 합니까?

How long do we have to wait?

하우 롱 두 위 해브 투 웨잇?

기다리겠습니다.

We'll wait, then.

위월 웨잇, 덴

몇 분이십니까?

How many of you?

하우 매니 어브 유?

2인용 테이블 부탁합니다.

A table for two, please.

어 테이블 포 투, 플리즈

준비가 되면 불러 드리겠습니다.

I'll call you when I'm ready.

아윌 콜 유 웬 아임 레디

자리가 먼저 나는 곳으로 주세요.

I'll take whatever comes up first.

아윌 테익 왓에버 컴즈 업 퍼스트

메뉴 좀 주세요.

Menu, please.

메뉴, 플리즈

주문하시겠어요?

May I take your order?

메이 아이 테익 유어 오더?

한국어로 된 메뉴는 없습니까?

Do you have a menu in Korean?

두유 해브 어 메뉴 인 코리언?

오늘 밤 특별 요리는 무엇입니까?

What's tonight's special?

왓츠 투나잇스 스페셜?

추천 요리가 뭡니까?

What do you recommend?

왓 두 유 레커멘드?

정식은 있습니까?

Do you have a set meal?

두유 해브 어 셋 밀?

무엇이 빨리 됩니까?

What can you serve quickly?

왓 캔 유 서브 퀵클리?

다른 주문은 없습니까?

Anything, else?

애니씽, 엘스?

그게 전부입니다.

No, that's all.

노우, 댓츠 올

스테이크로 하겠습니다.

I'll take the steak.

아윌 테익 더 스테이크

스테이크를 어떻게 해드릴까요?

How would you like your steak?

하우 우쥬 라익 유어 스테이크?

웰던으로 부탁합니다.

Well-done, please.

웰 던, 플리즈

중간정도로 구워주세요.

Medium, please.

미디엄, 플리즈

덜 익혀 주세요.

Medium-rare, please.

미디엄-레어, 플리즈

이건 맛이 어떤가요?

What is it like?

왓 이즈 잇 라익?

이건 어떻게 먹으면 됩니까?

How do I eat this?

하우 두 아이 잇 디스?

이것의 재료는 뭔가요?

What are the ingredients of it?

왓아 더 인그레디언츠 어브 잇?

와인 메뉴 좀 볼 수 있을까요?

May I have the wine list?

메이 아이 해브 더 와인 리스트?

메뉴 좀 다시 볼 수 있을까요?

Can I see the menu again?

캔 아이 씨 더 메뉴 어게인?

메뉴 결정하셨나요?

Have you decided?

해브 유 디싸이디드?

이미 주문했습니다.

Thanks, but we've already ordered.

쌩스, 벗 위브 올레디 오더드

이것과 이걸로 하겠습니다.

I'll take this and that.

아윌 테익 디스 앤 댓

같은 걸로 할게요.

The same for me, please.

더 세임 포 미, 플리즈

옆 테이블과 같은 걸로 할게요.

The same dish as the next table, please.

더 세임 디쉬 애즈 더 넥스트 테이블, 플리즈

마실 것은 무엇으로 하시겠어요?

What would you like to drink?

왓 우쥬 라익 투 드링크?

식사 전에 술 한 잔 하고 싶은데요.

I want to have a drink before my meal.

아이 원트 투 해브 어 드링크 비포 마이 밀

지방 특산 와인으로 하겠습니다.

I'd like to try a local wine.

아이드 라익 투 트라이 어 로컬 와인

빵을 좀 더 주시겠어요?

Could I have more bread?

쿠드 아이 해브 모어 브레드?

드레싱은 어떤 게 있나요?

What kind of dressing do you have?

왓 카인드 어브 드레싱 두 유 해브?

디저트는 무엇으로 하시겠어요?

What would you like for dessert?

왓 우쥬 라잌 포 디저트?

커피 한잔 주세요.

A cup of coffee, please.

어 컵 어브 커피, 플리즈

디저트를 주십시오.

Can I have a dessert, please?

캔 아이 해브 어 디저트, 플리즈?

입맛에 맞으세요?

Do you like the dish?

두 유 라잌 더 디쉬?

맛있네요.

It's delicious.

잇츠 딜리셔스

군침이 도는군요.

My mouth is watering.

마이 마우쓰 이즈 워터링

생각보다 맛있네요.

It's better than I expected.

잇츠 베터 댄 아이 엑스펙티드

저는 기름기 있는 음식은 안 좋아해요.

I don't like oily food.

아이 돈트 라익 오일리 푸드

저는 음식을 별로 가리지 않습니다.

I'm not fussy about food.

아임 낫 풔씨 어바웃 푸드

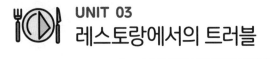

UNIT 03
레스토랑에서의 트러블

주문을 변경해 주실 수 있나요?

Can you please change my order?

캔유 플리즈 체인지 마이 오더?

시간이 많이 걸립니까?

Will I take much longer?

윌 아이 테익 머취 롱거?

조금 서둘러 주세요.

Would you rush my order?

우쥬 러쉬 마이 오더?

아직 요리가 나오지 않았습니다.

We're still waiting for our food.

위어 스틸 웨이팅 포 아워 푸드

이건 제가 주문한 것이 아닌데요.

This is not my order.

디스 이즈 낫 마이 오더

이건 제 입맛에 안맞네요.

This food doesn't suit my taste.

디스 푸드 더즌트 숫 마이 테이스트

이 냄새 못 참겠는데요.

I can't stand that smell.

아이 캔트 스탠 댓 스멜

전 식성이 매우 까다로워요.

I'm a picky eater.

아임 어 피키 이더

느끼하네요.

It's oily.

잇츠 오일리

저는 야채샐러드를 주문했는데요.

There's a mistake. I ordered green salad.

데어즈 어 미스테익. 아이 오더드 그린 샐러드

이 음식은 너무 매워요.

This food is too spicy.

디스 푸드 이즈 투 스파이시

맛이 좀 이상합니다.

The taste is strange a little.

더 테이스 이즈 스트레인지 어 리를

컵 좀 바꿔 주시겠어요?

Can I change the cup, please?

캔 아이 체인지 더 컵, 플리즈?

이것을 바꿔 주세요.

Please, change this.

플리즈, 체인지 디스

주문을 한 번 확인해 주시겠어요?

Can you check the order, please?

캔유 첵 디 오더, 플리즈?

죄송하지만, 이건 먹을 수가 없네요.

I'm sorry, I can't have this.

아임 소리, 아이 캔트 해브 디스

스테이크를 다시 데워 주세요.

Could you warm up this steak again?

쿠쥬 웜 업 디스 스테이크 어겐?

이 맥주는 시원하지가 않네요.

I'm afraid this beer is not cold.

아임 어프레이드 디스 비어 이즈 낫 콜드

UNIT 04
패스트푸드점에서

근처에 패스트 푸드점이 있습니까?

Is there a fast food restaurant around here?

이즈 데어러 페스트푸드 레스트런츠 어라운드 히어?

주문은 어디서 합니까?

Where can I order?

웨어 캔 아이 오더?

주문하시겠어요?

Are you ready to order?

아유 레디 투 오더?

햄버거 2개와 중간 사이즈 콜라 2개 주세요.

Two hamburgers and two medium Cokes, please.

투 햄버거즈 앤 투 미디움 콕스, 플리즈

130

여기서 드시겠어요, 아니면 포장해드릴까요?

Here or to go?

히어 오어 투 고?

여기서 먹겠습니다.

For here, please.

포 히어, 플리즈

가지고 가겠습니다.

To go, please.

투 고, 플리즈

남은 요리를 포장할 수 있나요?

Can I pack the leftovers?

캔 아이 팩 더 레프토오버즈?

131

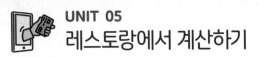

UNIT 05
레스토랑에서 계산하기

계산서를 부탁합니다.

Check, please.

첵, 플리즈

음료수 값은 별도 입니까?

Do you charge for drinks?

두유 차쥐 포 드링크스?

팁이 포함된 가격인가요?

Is the tip included?

이즈 더 팁 인클루디드?

따로따로 지불하고 싶은데요.

I'd like to pay separately.

아이드 라잌 투 페이 세퍼레잇틀리

청구서가 잘못된 것 같습니다.

I think there's a mistake in the bill.

아이 씽크 데어즈 어 미스테익 인 더 빌

이건 무슨 비용이죠?

What's this for?

왓츠 디스 포?

여기에 사인 해주시겠어요?

Could you sign here?

쿠쥬 사인 히어?

영수증을 주시겠어요?

Can I have the receipt, please?

캔 아이 해브 더 리씻, 플리즈?

가까운
near
니어

먼
far
파

지방특색 음식
Local food
로컬 푸드

장소
location
로케이션

일행
party
파티

오늘의 특별요리
today' special
투데이스 스페셜

해산물
seafood
씨푸드

생선
fish
피쉬

고기
meat
미트

정식
set menu
셋 메뉴

코스요리
Course Menu
코스 메뉴

주문하다
order
오더

달다 **sweet** 스윗	짜다 **salty** 솔티
맵다 **spicy** 스파이시	향신료 **spice** 스파이스
순한 **mild** 마일드	싱거운 **bland** 블랜드
맛있는 **delicious** 딜리셔스	봉사료 **service charge** 써비스 차쥐
후식 **dessert** 디저트	계산 **calculation** 캘큘레이션
지불하다 **pay** 페이	정확한 **correct** 커렉트

레스토랑 선정 Tip

Michelin Guide(미슐랭 가이드)는 레스토랑, 호텔 등 방대한 양의 정보를 100년의 전통을 가진 엄격함과 정보의 신뢰도를 바탕으로 하고 있다. 별 하나는 탁월한 맛을 자랑하며 1인당 약 100유로 정도이다. 별 두 개는 먼 거리여도 찾아가서 먹을 만

한 곳으로 1인당 약 300유로 정도이다. 별 세 개는 레스토랑 방문을 위해 여행할 가치가 있는 곳으로 1인당 약 300유로 이상이다. 이 밖에 TripAdvisor(트립어드바이저)는 여러 나라 사람들의 이용 리뷰를 볼 수 있는데 장점은 한국 홈페이지가 개설되어 있을 뿐만 아니라 완벽하진 않지만 구글 번역기가 지원된다.

예약하기

유럽의 유명한 레스토랑 또는 Top 수준의 레스토랑은 2~3개월 전에 예약해야 하는 경우도 있다. 출발 전에 전화 또는 인터넷으로 예약을 하는 것도 좋은 방법으로 일반적인 레스토랑의 경우 일주일 전에 예약하면 된다. 예약할 때는 날짜와 시간, 참석자 수를 알려주고 하루 전날 예약을 재확인한다.

도착 및 착석

예약 사항과 이름을 확인하고 자리가 안내될 때까지 기다린다. 안내된 자리가 마음에 들지 않을 경우 바로 다른 좌석이 있는지 물어본다. 연장자라도 여성이 모두 앉은 후에 자리에 앉는 것이 예의다. 드레스코드는 캐주얼한 정장 차림 정도면 된다.

식사 에티켓

• 해외여행 시 레스토랑에서 시끄러운 사람들은 중국인이거나 한국 사람이다. 서양에서는 개인의 개성을 존중하지만 식사예절은 엄격한 편이므로 아이들이 식당을 돌아다니거나 큰소리로 떠드는 행위 등은 다른 사람들에게 방해가 되므로 특히 주의한다.

• 물, 와인, 나이프는 오른쪽에 빵과 포크는 왼쪽이라는 정도만 알아도 충분하고 여러 포크와 나이프는 바깥쪽부터 사용하면 된다.

• 뷔페의 경우 접시에 여러 종류의 음식을 담는 것은 유럽인들의 눈에 거북하게 보일 수 있으므로 너무 많은 종류를 담는 것은 삼간다.

커피 주문하기

컵 사이즈 : Short(236ml), Tall(355ml), Grande(473ml), Venti(591ml), Trenta(917ml-얼음 이용 시)

옵션 : decaf(카페인 제거), do whip(크림 제거), low fat(저지방 우유), skim milk or nonfat milk(무지방 우유), extra shot(에스프레소 한 잔을 추가하여 커피 맛 보충), add whipping cream(크림 추가), syrup pump(시럽 추가)

계산

현금으로 계산 시에는 테이블에 팁을 올리고 카드 계산 시에는 별도로 팁란에 적으면 된다. 노천카페의 경우 앉은 자리마다 주인이 다를 수 있으니 앉은 자리에서 계산한다.

PART 04

교통

∴ 단어 바꿔가면서 다양한 대표 회화 익히기

이 ( )으로 가 주세요.
Please go to this ____ .

market
마켓 시장

department store
데파트먼트 스토어 백화점

art museum
아트 뮤지엄 미술관

museum
뮤지엄 박물관

( )는(은) 어디입니까?
Where is the ____ ?

station
스테이션 역

bus terminal
버스 터미널 버스터미널

ticket gate
티켓 게이트 개찰구

boarding gate
보딩 게이트 탑승구

거기에 가려면 ( ) 밖에 없습니까?
Is there only a ____ **to get there?**

taxi
택시 택시

subway
서브웨이 지하철

airplane
에어플레인 비행기

bus
버스 버스

UNIT 01
처음 가는 길을 물을 때

버스정류장으로 가는 길을 가르쳐 주시겠어요?

Could you tell me the way to the bus stop?

쿠쥬 텔 미 더 웨이 투 더 버스 스탑?

길을 잃었습니다. 도와주실래요?

I have lost my way. Could you help me?

아이 해브 로스트 마이 웨이. 쿠쥬 헬프 미?

이 도로의 이름이 뭐죠?

What's the name of this street?

왓츠 더 네임 어브 디스 스트릿?

어디를 가시는 길입니까?

Which way are you going to?

위치 웨이 아 유 고잉 투?

어디에 가려고 하십니까?

Where would you like to go?

웨어 우쥬 라익 투 고우?

이 길이 중앙역으로 가는 길인가요?

Does this street go to central station?

더즈 디스 스트릿 고우 투 센츄럴 스테이션?

면세점을 찾고 있습니다.

I'm looking for a duty-free shop.

아임 루킹 포 어 듀티-프리 샵

그것은 몇 번가에 있습니까?

What street is that on?

왓 스트릿 이즈 댓 안?

왼쪽으로 돌면 5번가가 나옵니다.

Turn left on to 5th Avenue.

턴 레프트 안 투 피프쓰 에비뉴

거기까지 걸어가는 데 얼마나 걸릴까요?

How much time would it take to walk there?

하우 머취 타임 우드 잇 테익 투 웍 데어?

여기서부터 어떻게 가야 하나요?

How do I get there from here?

하우 두 아이 겟 데어 프럼 히어?

제가 잘못 온 것인가요?

Am I on the wrong street?

앰 아이 안 더 워롱 스트릿?

은행까지 가는 길을 가르쳐 주세요?

Please tell me the way to the bank.

플리즈 텔 미 더 웨이 투 더 뱅크

공항으로 가는 가장 좋은 방법이 무엇인가요?

What's the best way to get to the airport?

왓츠 더 베스트 웨이 투 겟 투 디 에어포트?

지하철을 타시는 것이 좋을 겁니다.

You'd better take the subway.

유드 베러 테익 더 서브웨이

얼마나 멀죠?

How far is it?

하우 파 이즈 잇?

택시로 10분 걸립니다.

It takes 10 minutes by taxi.

잇 테익스 텐 미니츠 바이 택시

그렇게 멀지 않아요.

It's not that far.

잇츠 낫 댓 파

걸어서 5분 거리입니다.

It takes 5 minutes on foot.

잇 테익스 화이브 미니츠 안 풋

계속 똑바로 가세요.

Keep going straight.

킵 고잉 스트레이트

이 길을 따라 가세요.

Follow this way road.

팔로우 디스 웨이 로드

다른 사람에게 물어보십시오.

Please ask someone else.

플리즈 에스크 썸원 엘스

미안합니다. 잘 모르겠어요.

I'm sorry. I don't know.

아임 쏘리. 아이 돈트 노

저도 여기는 초행길입니다.

I'm a stranger here too.

아임 어 스트레인져 히어 투

동쪽으로 한 블록을 가십시오.

Go east for one block.

고우 이스트 포 원 블락

당신은 반대로 가고 있어요.

You are going in the opposite direction.

유아 고잉 인 디 오퍼쥐트 디렉션

찾기 쉬운가요?

Is it easy to find?

이즈 잇 이지 투 파인드?

찾기 쉬워요.

You can't miss it.

유 캔트 미스 잇

UNIT 02
택시를 이용할 때

택시를 타는 곳이 어디입니까?

Where is the taxi stop?

웨어 이즈 더 택시 스탑?

어디에서 택시를 잡을 수 있습니까?

Where can I catch a taxi?

웨어 캔 아이 캐취 어 택시?

어디 가십니까?

Where are you going?

웨어 아 유 고잉?

공항으로 갑시다.

Please take me to the airport.

플리즈 테익 미 투 디 에어포트

공항까지 몇 분이나 걸릴까요?

How many minutes does take until airport?

하우 매니 미니츠 더즈 테익 언틸 에어포트?

이 주소로 데려다 주십시오.

Take me to this address, please.

테익 미 투 디스 어드레스, 플리즈

롯데호텔까지 부탁합니다.

Take me to the Lotte Hotel, please.

테익 미 투 더 롯데 호텔, 플리즈

가장 가까운 길로 가 주세요.

Take the shortest way, please.

테익 더 숏티스트 웨이, 플리즈

빨리 가 주세요.

Step on it, please.

스텝 안 잇, 플리즈

급한데요. 좀 더 빨리 갈 수 없을까요?

I'm in a hurry. Can't you go faster?

아임 인 어 허리. 캔츄 고 페스터?

여기 세워 주세요. 내릴게요.

Please stop here. I'll get off.

플리즈 스탑 히어. 아윌 겟 어프

잠깐 기다려 주십시오.

Wait here for a while, please.

웨잇 히어 포 어 와일, 플리즈

곧 돌아오겠습니다.

I'll be back in a minute.

아윌 비 백 인 어 미닛츠

트렁크 좀 열어 주시겠어요?

Could you open the trunk?

쿠쥬 오픈 더 트렁크?

가방 좀 꺼내 주실래요?

Could you take out my bag?

쿠쥬 테익 아웃 마이 백?

얼마입니까?

How much is it?

하우 머취 이즈 잇?

요금이 잘못된 것 같습니다.

The fare doesn't seem right?

더 페어 더즌트 씸 라이트

거스름돈은 가지세요.

Keep the change.

킵 더 췌인지

UNIT 03
버스를 이용할 때

어디서 버스 노선도를 구할 수 있을까요?

Where can I get a bus route map?

웨어 캔 아이 겟 어 버스 루트 맵?

산타바바라행 버스 정류장은 어디입니까?

Where is the bus stop for Santa Barbara?

웨어 이즈 더 버스 스탑 포 싼타 바바라?

여기가 버스 기다리는 줄입니까?

Is this the line for the bus?

이즈 디스 더 라인 포 더 버스?

다음 버스는 언제 옵니까?

When is the next bus?

웬 이즈 더 넥스트 버스?

버스는 언제 출발 합니까?

When does the bus leave?

웬 더즈 더 버스 리브?

버스는 매시간 정시에 출발합니다.

The bus departs every hour on the hour.

더 버스 디파츠 에브리 아워 안 디 아워

버스 요금이 얼마입니까?

How much is the bus fare?

하우 머취 이즈 더 버스 페어?

거기에 가는 직행 버스가 있습니까?

Is there a direct bus that goes there?

이즈 데어러 다이렉트 버스 댓 고즈 데어?

이 버스가 코리아타운에 섭니까?

Does this bus stop at Korea Town?

더즈 디스 버스 스탑 앳 코뤼아 타운?

버스를 잘못 탄 것 같아요.

I think I took the wrong bus.

아이 씽크 아이 툭 더 륑 버스

다음 정류장에서 내리겠습니다.

I'll get off at the next stop.

아윌 겟 오프 앳 더 넥스트 스탑

도착하면 알려 주십시오.

Tell me when we get there.

텔 미 웬 위 겟 데어

이번 정류장에서 갈아타야 합니다.

You have to transfer at this stop.

유 해브 투 트랜스퍼 앳 디스 스탑

이번에 내리면 되나요?

Should I get off now?

슈드 아이 켓 오프 나우?

갈아 타는 표를 주시겠어요?

Can I have a transfer ticket, please?

캔 아이 해브 어 트랜스퍼 티켓, 플리즈?

요금이 얼마죠?

How much is the fare?

하우 머취 이즈 더 페어?

버스를 놓치지 않도록 하세요.

Take notice you don't miss the bus.

테익 노티스 유 돈트 미스 더 버스

버스가 왜 이렇게 안 오죠?

Why isn't the bus coming?

와이 이즌트 더 버스 커밍?

버스가 5분 일찍 도착했습니다.

The bus arrived five minutes early.

더 버스 어라이브드 파이브 미니츠 얼리

라스베가스 가는 직행버스가 있습니까?

Is there any bus that goes to Las Vegas directly?

이즈 데어 애니 버스 댓 고우즈 투 라스 베거스 다이렉틀리?

샌디에고까지는 몇 정류장이나 됩니까?

How many stops before San Diego?

하우 메니 스탑스 비포어 샌디에고?

아마 7정거장은 될 거예요.

I guess about seven.

아이 게스 어바웃 세븐

이번에 내리면 되나요?

Should I get off now?

슈드 아이 겟 오프 나우?

UNIT 04
기차와 지하철을 이용할 때

이 근처에 지하철역이 있습니까?

Is the subway station near here?

이즈 더 써브웨이 스테이션 니어 히어?

표를 어디에서 삽니까?

Where can I buy a ticket?

웨어 캔 아이 바이 어 티켓?

지하철 노선도를 구할 수 있을까요?

Can I get a subway route map, please?

캔 아이 게러 써브웨이 루트 맵, 플리즈?

서부역은 몇 호선입니까?

Which line is for West Station?

위치 라인 이즈 풔 웨스트 스테이션?

지하철은 얼마 간격으로 운행되나요?

How often do the subways run?

하우 오픈 두 더 써브웨이즈 런?

어디에서 기차를 갈아탑니까?

Where should I transfer.

웨어 슈드 아이 트랜스퍼

이 기차가 남부역에 갑니까?

Is this train for South Station?

이즈 디스 트레인 풔 싸우스 스테이션?

다음 역은 무슨 역입니까?

What's the next station?

왓츠 더 넥스트 스테이션?

1번 출구는 어디에 있습니까?

Where is the number 1 exit?

웨어 이즈 더 넘버 원 엑씻?

표를 잃어버렸습니다.

I lost my ticket.

아이 로스트 마이 티켓

막차가 몇 시에 있습니까?

What time is the last train?

왓 타임 이즈 더 라스트 트레인?

예약 창구는 어디에 있습니까?

Where is the reservation counter?

웨어 이즈 더 레저베이션 카운터?

좌석을 예약하고 싶습니다.

I'd like to reserve a seat.

아이드 라잌 투 리져브 어 씻

침대칸을 예약하고 싶습니다.

I'd like to reserve a sleeping car.

아이드 라잌 투 리져브 어 슬리핑 카

금연차로 해주세요.

Non smoking section, please.

넌 스모킹 섹션, 플리즈

로스앤젤레스행 편도 두 장 주시겠어요.

Two one way tickets for LA, please.

투 원웨이 티킷츠 포 엘에이, 플리즈

더 늦게 출발하는 기차가 있나요?

Is there a later train?

이즈 데어러 레이러 트레인?

기차는 6시에 LA를 출발합니다.

The train leaves LA at six.

더 트레인 리브즈 엘에이 앳 씩스

이 열차에 식당차가 있습니까?

Do you have a dining car in the train?

두유 해버 다이닝 카 인 더 트레인?

마지막 차량에 있습니다.

There is one in the rear car.

데어 이즈 원 인 더 리어 카

실례지만 자리가 있습니까?

Excuse me, do you have a table?

익스큐즈 미, 두 유 해브 어 테이블?

거기는 제 자리인데요.

That's my seat.

댓츠 마이 씻

표 좀 볼까요?

May I see your ticket?

메아이 씨 유어 티켓?

다음 정차역은 어디입니까?

What is the next stop?

왓 이즈 더 넥스트 스탑?

실수로 기차를 잘못 탔습니다.

I took the wrong train by mistake.

아이 툭 더 륑 트레인 바이 미스테익

센트럴 역은 몇 번째 역입니까?

How many stops to Central Station?

하우 매니 스탑스 투 센트럴 스테이션?

다섯 정거장 더 가셔야 합니다.

Five more stops to go.

파이브 모어 스탑스 투 고

그 열차는 시카고에 2시에 도착합니다.

The train is timed to reach Chicago at two o'clock.

더 트레인 이즈 타임드 투 리취 시카고 앳 투 어클락

2호 열차에 서류 가방을 두고 내렸어요.

I left my briefcase on the number 2 train.

아이 레프트 마이 블리프케이스 안 더 넘버 투 트레인

이 표로 중간에 내릴 수 있습니까?

Do I stop over with this ticket?

두 아이 스탑 오버 위드 디스 티켓?

내릴 역을 지나쳤습니다.

I went past my stop.

아이 웬트 패스트 마이 스탑

이 기차의 종착역은 어디입니까?

What station is the end of this train?

왓 스테이션 이즈 디 엔드 어브 디스 트레인?

열차가 이 역에서 얼마나 정차하나요?

How long does the train stop at this station?

하우 롱 더즈 더 트레인 스탑 엣 디스 스테이션?

서두르세요. 그렇지 않으면 기차를 놓치겠어요.

Hurry up, or you will miss the train.

허리 업, 오어 유 윌 미스 더 트레인

UNIT 05
렌트카를 이용하고 싶을 때

차를 빌리고 싶습니다.

I'd like to rent a car.

아이드 라잌 투 렌트 어 카

예약을 하셨습니까?

Do you have a reservation?

두유 해브 어 레져베이션?

마이클이란 이름으로 예약을 했습니다.

I made a reservation under the name Michael.

아이 메이드 어 레져베이션 언더 더 네임 마이클

얼마동안 렌트할 예정입니까?

How long will you need it?

하우 롱 윌 유 니드 잇?

차를 2주간 빌리고 싶습니다.

I'd like to rent a car for two weeks.

아이드 라익 투 렌트 어 카 포 투 윅스

이게 저의 국제면허증입니다.

This is my international driver's license.

디스 이즈 마이 인터네셔널 드라이버즈 라이센스

자동차 목록을 보여 주시겠어요?

Can I see your car list?

캔 아이 씨 유어 카 리스트?

어떤 차종을 원하세요?

What type of car would you like?

왓 타입 어브 카 우쥬 라익?

중형차가 필요합니다.

I need a medium-sized car.

아이 니드 어 미디엄 사이즈드 카-

소형차를 원합니다.

I'd like a compact car.

아이드 라잌 어 컴펙트 카-

보증금은 얼마입니까?

How much is the deposit?

하우 머취 이즈 더 디파짓?

요금표를 보여 주십시오.

Please show me the price list.

플리즈 쇼우 미 더 프라이스 리스트

가격에 보험료가 포함되어 있나요?

Does the price include the insurance fee?

더즈 더 프라이스 인쿠루드 디 인슈어런스 피?

보험은 어떻게 하시겠습니까?

How about the insurance?

하우 어바웃 디 인슈어런스?

종합보험으로 하겠습니다.

Full insurance, please.

풀 인슈어런스, 플리즈

다른 차로 교환할 수 있을까요?

Can I change the car, please?

캔 아이 체인지 더 카, 플리즈

차를 돌려드리겠습니다.

I'll return the car.

아윌 리턴 더 카-

기름은 가득 채웠습니다.

I filled up the tank.

아이 필덮 더 탱크

UNIT 06
운전 중 트러블

가까운 주유소가 어디에 있습니까?

Where is the nearest gas station?

웨어 이즈 더 니어리스트 게스 스테이션?

기름이 다 떨어졌어요.

I'm out of gas.

아임 아웃 어브 게스

일반으로 가득 채워 주세요.

Fill it up with regular, please.

필 잇 업 위드 레귤러, 플리즈

엔진오일이 새는 것 같습니다.

I think it's leaking engine oil.

아이 씽크 잇츠 리킹 엔진오일

차 좀 정비하고 싶습니다.

I need to have this car tuned up.

아이 니드 투 해브 디스 카 턴드 업

차가 어디에 이상이 있습니까?

What's wrong with your car?

왓츠 륑 위드 유어 카?

변속기가 이상이 있어요.

My transmission is acting up.

마이 트랜스밋션 이즈 엑팅 업

차가 중립 상태에서 떨립니다.

My car vibrates in neutral.

마이 카 바이브레이스 인 뉴트럴

배터리가 방전 되었습니다.

The battery is dead.

더 배러리 이즈 데드

펑크가 났습니다.

I got a flat tire.

아이 가러 플랫 타이어

시동이 걸리지 않습니다.

I can't start the engine.

아이 캔트 스탓트 디 엔진

타이어 공기압을 살펴봐 주십시오.

Check the tire pressure, please.

첵 더 타이어 프레셔, 플리즈

제동이 잘 되지 않습니다.

The brake is not working properly.

더 브레익 이즈 낫 워킹 프라펄리

수리비가 얼마나 들까요?

How much will it cost to fix it?

하우 머취 위릿 코스트 투 픽스 잇?

견적이 얼마나 나오죠?

What's the estimate?

왓츠 디 에스티메이트?

지금 고쳐줄 수 있습니까?

Can you fix it right now?

캔유 픽싯 롸이트 나우?

고치는 데 얼마나 걸립니까?

How soon can you fix it?

하우 순 캔 유 픽싯?

차를 언제 찾아 갈 수 있을까요?

When can I pick up my car?

웬 캔 아이 픽업 마이 카?

시내버스
city bus
시티 버스

노선도
route map
루트 맵

기차역
train station
트랜 스테이션

버스 터미널
bus station
버스 스테이션

급행
express
익스프레스

완행
local
로컬

입구
entrance
엔트런스

출구
exit
엑씻

관광버스
sightseeing bus
싸잇싱 버스

택시승강장
taxi stand
택시 스텐드

관광명소
tourist attraction
투어리스트 엇트랙션

목적지
destination
데스티네이션

왕복 승차권
round-trip ticket
라운드 트립 티켓

매표소
ticket office
티켓 오피스

도착
arrival
어라이벌

출발
departure
디파처

승차하다
get on
겟 온

하차하다
get off
겟 어프

(기차역의) 플랫폼
platform
플랫폼

정류장
station
스테이션

사고
accident
액시던트

보험
insurance
인슈어런스

환승
transfer
트랜스퍼

시간표
schedule
스케쥴

171

영국의 렌터카

영국은 우리나라와 달리 운전석과 주행 방향이 반대이다. 고속도로와 차선이 잘 정비되어 있으며 외각의 경우 중앙선도 없는 좁은 도로가 상당히 많으니 운전에 주의해야 한다.

- 기간 : 하루나 이틀보다 3일~1주일이 요금 할인 폭이 좋고 한 달 이상 렌탈 계획이라면 리스가 더 저렴하다.

- 차종 선택 : 유럽의 유수한 차량을 타 볼 수 있는 기회로 주의할 점은 유럽은 수동 변속기의 비중이 높기 때문에 오토차량의 경우 작은 지점에는 아예 없거나 특정 차종만 있는 경우 또는 소형차에는 없고 중형급 이상에만 있는 경우 등이 있으므로 성수기에 오토차량을 렌탈할 계획이라면 미리 예약을 해 둔다.

- 보험 가입 : 미국과 달리 자기 부담금이 있어 사고 발생 시 일정 금액을 운전자가 책임지는 제도이다. 이런 부담금이 부담스러운 경우 면책금을 줄이거나 면제 받기 위한 보험이 따로 있는데 가장 완벽하게 대비하는 super cover가 있다.

- 기본 법규 : 유럽 내에서는 아기를 위한 카시트 사용이 엄격하게 법으로 규정되어 있으므로 아기가 있는 경우 필수로 대여한다.

- 라운드어바웃 : 영국은 대부분 교차로가 라운드어바웃(로터리)으로 되어있고 소도시의 경우 신호등이 없는 경우도 많다. 중요한 것은 오른쪽 주행 차량 우선으로 라운드어바웃이 나올 경우 우선멈춤을 하고 나가야 할 출구에서 나가지 못했을 경우 한 바퀴 더 돌면 된다.

- 주유 : 비슷한 모양의 차량이라도 연료의 종류가 다르므로 렌터카 업체에서 지정한 연료를 사용하고 대부분 셀프 주유이다. 주유소가 많지 않으니 30% 정

도 남았을 때 미리 주유한다.

● 반납 : 대여 장소와 반납 장소가 다른 경우 반납 비용이 발생하는 경우가 있으므로 계약 시 미리 확인한다.

미국의 렌터카

● 예약 : 일정이 잡히면 서전 예약 할인 요금이 적용되므로 미리 예약하고 제휴사 할인 등도 있으니 해당사항이 있는지 알아본다. 대행업체 또는 렌터카 업체에 바로 예약하거나 해외 전문 여행사이트를 이용하는 등 다양한 방법이 있으니 비교하여 예약한다. 현지에서 렌탈하는 것보다 한국에서 보험료까지 패키지로 예약하는 것이 더 저렴하다. 우리나라는 예약 시 차의 등급과 차종을 모두 선택하지만 미국은 차의 등급만 선택하고 차종은 현지 사무소에서 동급 차량 중 원하는 차량을 대여한다.

● 보험 가입 : 미국은 차 범죄가 많아서 도난과 파손을 대비하여 보험은 꼭 든다. 자차보험(자기 차량 손해), 대인(상대편 상해), 대물(상대편 차량 보상), 도난 정도를 가입하면 된다. 자손(자기 상해)의 경우 여행자 보험으로 어느 정도 커버가 가능하지만 미국의 경우 병원비가 상당하므로 다소 높은 여행자 보험을 든다.

● 픽업 : 렌터카 회사의 셔틀버스를 이용하여 렌터카 영업소로 간다. 필요서류는 예약확인서, 여권, 운전자 명의의 신용카드, 국제운전면허증과 국내 면허증 등을 제출하면 보험, 차량 주유 옵션 등을 선택한다. 풀 보험을 가입했다면 차 외관 흠집은 크게 걱정하지 않아도 되지만 그렇지 않은 경우는 직원에게 주지시켜 사인을 받아둔다.

PART 05
관광

∴ 단어 바꿔가면서 다양한 대표 회화 익히기

( )를(을) 해보고 싶은데요.
I want to try _____ .

skiing
스킹 스키

swimming
스위밍 수영

golf
고루후 골프

tennis
테니스 테니스

그 ( )는(은) 매일 있습니까?
Is there a _____ **every day?**

performance
포퍼먼스 공연

festival
페스티벌 페스티벌

show
쇼- 쇼

event
이벤트 행사

근처에 ( )가 있나요?
Is there a _____ **nearby?**

cinema
씨네마 영화관

aquarium
아쿠아리움 수족관

park
파크 공원

casino
카지노 카지노

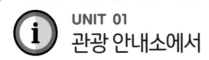
관광안내 책자 하나 주시겠어요?

Can I have a sightseer's pamphlet?

캔 아이 해브 어 싸잇씨어즈 팸플릿?

시내 지도를 하나 가져도 될까요?

Can I have a city map?

캔 아이 해브 어 씨티 맵?

지도가 있는 투어 가이드북을 받을 수 있나요?

Can I get a tour guidebook with a map?

캔 아이 겟 어 투어 가이드북 위드 어 맵?

도시 관광은 무엇을 포함하고 있습니까?

What does the city tour include?

왓 더즈 더 시티 투어 인클루드?

어떤 종류의 투어가 있나요?

What kind of tours do you have?

왓 카인드 어브 투어스 두 유 해브?

관광 투어 버스가 있나요?

Is there a sightseeing tour bus?

이즈 데어러 싸잇씽 투어 버스?

오늘 관광이 있습니까?

Do you have the tour today?

두 유 해브 더 투어 투데이?

저녁에 할 수 있는 것이 뭐가 있습니까?

What's there to do at night?

왓츠 데어 투 두 앳 나이트?

야간 관광이 있습니까?

Do you have a night tour?

두유 해브 어 나잇 투어?

시내관광에 참여하고 싶습니다.

I'd like to join a city tour.

아이드 라익 투 죠이너 시티 투어

어디서 모입니까?

Where shall we meet?

웨어 쉘 위 밋?

관광은 얼마나 걸리나요?

How long does the tour take?

하우 롱 더즈 더 투어 테익?

요금이 일인당 얼마입니까?

What does it cost for one person?

왓 더짓 코스트 포 원 퍼슨?

여기서 관광예약을 할 수 있나요?

Can I book a tour here?

캔 아이 북커 투어 히어?

유람선 관광이 있습니까?

Do you have any tours by pleasure boats?

두유 해브 애니 투어즈 바이 플래져 보웃츠?

한국어를 할 수 있는 가이드가 있나요?

Is there a Korean speaking guide?

이즈 데어러 코리언 스피킹 가이드?

어디가 구경하기에 제일 좋을까요?

Where is the best place to see?

웨어 이즈 더 베스트 플레이스 투 씨?

출발은 몇 시에 하나요?

What time do we leave?

왓 타임 두 위 리브?

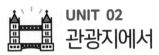

UNIT 02
관광지에서

몇 시에 문을 열지요?

What time do you open?

왓 타임 두 유 오픈?

몇 시에 문을 닫습니까?

What time do you close?

왓 타임 두 유 클로우즈?

연중무휴입니다.

We're open year round.

위어 오픈 이어 라운드

성인 입장료는 얼마입니까?

How much is the admission fee for adults?

하우 머치 이즈 디 어드미션 피 포 어덜츠?

180

성인은 30달러입니다.

It's 30 dollars for adults.

잇츠 써티 달러스 포 어덜트스

몇 시까지 돌아오면 될까요?

What time should we come back?

왓 타임 슈드 위 컴 백?

시간은 어느 정도 있나요?

How long do we have?

하우 롱 두 위 해브?

여기서 휠체어를 빌릴 수 있습니까?

Can I rent a wheelchair here?

캔 아이 렌트 어 휠체어 히어?

이 건물은 무엇이 유명한가요?

What is this building famous for?

왓 이즈 디스 빌딩 페이머스 풔?

내부를 보아도 될까요?

Can I take a look inside?

캔 아이 테잌커 룩 인사이드?

전망대는 어떻게 올라 갑니까?

How can I get up to the observatory?

하우 캔 아이 게럽 투 더 어브저버터리?

정말 아름다운 경치군요!

What a beautiful view!

와러 뷰티풀 뷰!

환상적이군요!

It's fantastic!

잇츠 팬태스틱!

저것은 무엇인가요?

What is that?

왓 이즈 댓?

오늘 퍼레이드가 있습니까?

Is there a parade, today?

이즈 데어러 퍼레이드, 투데이?

아이를 잃어 버렸어요.

I've lost my child.

아이브 로슷 마이 차일드

상점이 어디에 있습니까?

Where is the gift shop?

웨어 이즈 더 기프트 샵?

화장실은 어디에 있나요?

Where is the rest room?

웨어 이즈 더 레스트 룸?

UNIT 03
사진 촬영을 할 때

여기서 사진을 찍어도 되나요?

May I take a picture here?

메아이 테익커 픽춰 히어?

저희 사진을 찍어주시겠어요?

Would you please take a picture of us?

우쥬 플리즈 테익커 픽춰 어브 어스?

함께 사진을 찍읍시다.

Let's take a picture together.

렛츠 테익커 픽춰 투게더

셔터 좀 눌러 주실래요?

Could you please press the shutter for me?

쿠쥬 플리즈 프레스 더 셔터 포 미?

작동방법을 모르는데요.

I don't know how it works.

아이 돈트 노 하우 잇 웍스

이것은 자동카메라입니다.

This is an auto focus programmed camera.

디스 이즈 언 오토 포커스 프로그램드 캐머러

여기 버튼만 누르시면 됩니다.

Just press the button here.

져스트 프레스 더 버튼 히어

비디오 촬영을 해도 될까요?

May I take a video?

메아이 테잌커 비디오?

플래쉬는 사용금지입니다.

You are not allowed to use a flash.

유아 낫 얼라우드 투 유즈 어 플래쉬

플래쉬와 삼각대는 사용금지입니다.

You are not allowed to use a flash and a tripod.

유아 낫 얼라우드 투 유즈 어 플래쉬 앤더 트라이파드

당신 사진을 좀 찍으면 안될까요?

Do you mind if I take a picture of you?

두유 마인 잎 아이 테잌커 픽춰 어브 유?

이 사진을 보내 드리겠습니다.

I'll send you this picture.

아윌 샌듀 디스 픽춰

이름과 주소를 써 주시겠어요?

Write down your name and address, please.

롸잇 다운 유어 네임 앤 어드레스, 플리즈

UNIT 04
미술관 · 박물관에서

입장료가 얼마죠?

How much is the admission?

하우 머취 이즈 디 어드미션?

어른 두 장과 학생 한 장 주십시오.

Two adults and one student, please.

투 어덜츠 앤 원 슈튜던, 플리즈

이 표로 모든 전시를 볼 수 있습니까?

Can I see everything with this ticket?

캔 아이 씨 에브리씽 위디스 티켓?

제 가방을 보관해 주시겠어요?

Would you mind keeping my bag?

우쥬 마인드 키핑 마이 백?

이 박물관은 무엇이 유명한가요?

What is this museum famous for?

왓 이즈 디스 뮤지엄 페이머스 포?

박물관 지도를 얻을 수 있을까요?

May I have a map of the museum?

메아이 해브 어 맵 어브 더 뮤지엄?

내부를 구경할 수 있습니까?

Can I take a look inside?

캔 아이 테익커 룩 인사이드?

이 박물관에는 무슨 작품이 있습니까?

What kind of museum is this?

왓 카인덥 뮤지엄 이즈 디스?

르노와르 작품이 어디에 있습니까?

Where are the works of Renoir?

웨어 아 더 웍스 어브 르노아르?

이 그림의 작가는 누구인가요?

Who painted this picture?

후 페인티드 디스 픽춰?

이 작품은 얼마나 오래된 것인가요?

How old is this work?

하우 올드 이즈 디스 웍?

기념품 그림엽서가 있나요?

Do you have a souvenir picture postcard?

두유 해브 어 수비니어 픽춰 포스트카드?

매점에서 구할 수 있습니다.

You can get one at the shop.

유 캔 겟 원 앳 더 샵

미술관 운영 시간이 어떻게 되죠?

What are the art gallery hours?

왓 아 더 아트 갤러리 아워즈?

전시중인 특별한 이벤트가 있습니까?

Are there any special events taking place?

아 데어 애니 스페셜 이벤츠 테이킹 플레이스?

이 미술관 투어가 있나요?

Does this art gallery have a tour?

더즈 디스 아트 갤러리 해브 어 투어?

다시 입관 할 수 있나요?

Can I reenter?

캔 아이 리엔터?

언제 폐관을 하지요?

When do you close?

웬 두 유 크로우즈?

출구가 어디 있나요?

Where is the exit?

웨어 이즈 디 엑싯?

미술관 운영 시간이 어떻게 되죠?

What are the art gallery hours?

왓 아 디 아트 갤러리 아워즈?

미술관에 자주 가세요?

Do you often go to art galleries?

두유 오픈 고 투 아트 갤러리즈?

나는 미술 감상을 좋아합니다.

I enjoy looking at art collections.

아이 엔죠이 루킹 앳 아트 컬렉션즈

한국어 가이드가 있습니까?

Do you have a Korean-speaking guide?

두유 해브 어 코리언 스피킹 가이드?

화장실이 어디 있나요?

Where is the rest room?

웨어 이즈 더 레스트 룸?

지금 무슨 뮤지컬을 공연하나요?

What musical is on now?

왓 뮤지컬 이즈 안 나우?

오늘 표가 아직 남아있을까요?

Are today's tickets still available?

아 투데이즈 티켓츠 스틸 어베일러블?

예약을 해야만 합니까?

Do I have to make a reservation?

두 아이 해브 투 메잌커 레져베이션?

어디에서 예매권을 살 수 있습니까?

Where can I get an advance ticket?

웨어 캔 아이 게런 어드밴스 티켓?

내일 밤 표 2장 주십시오.

Two for tomorrow night, please.

투 포 투모로우 나이트, 플리즈

죄송합니다만 매진되었습니다.

I'm sorry, but it's sold out.

아임 쏘리, 벗 잇츠 소울드 아웃

몇 시에 시작하지요?

What time does it start?

왓 타임 더즈 잇 스타트?

다음 회는 몇 시에 시작하나요?

What time is the next showing?

왓 타임 이즈 더 넥스트 쑈잉?

마지막 공연은 언제 끝납니까?

When does the last show end?

웬 더즈 더 라스트 쑈 엔드?

자리 좀 바꿀 수 없을까요?

Would you mind trading seats with me?

우쥬 마인드 트뤠이딩 씻츠 위드 미?

어떤 영화를 좋아하세요?

What kind of movies do you like?

왓 카인드 어브 무비즈 두 유 라잌?

오늘 밤에 영화 보러 가실래요?

Do you want to see a movie tonight?

두 유 원 투 씨 어 무비 투나잇?

어떤 영화가 보고 싶은데요?

Which movie do you want to see?

위치 무비 두 유 원 투 씨?

모든 종류의 영화를 좋아합니다.

I like all kinds of films.

아이 라잌 올 카인즈 어브 필름즈

재미있나요?

Is it good?

이짓 굿?

상영 기간은 언제까지입니까?

How long will it be running?

하우 롱 윌 잇 비 러닝?

그 영화 어땠어요?

What did you think of the movie?

왓 디쥬 씽크 어브 더 무비?

훌륭한 영화였어요.

It was a great movie.

잇 워즈 어 그레이트 무비

UNIT 06
스포츠와 레저를 즐길 때

운동하는 것을 좋아합니까?

Do you like playing sports?

두유 라익 플레잉 스포츠?

스포츠라면 무엇이든 좋아합니다.

I go in for all kinds of sports.

아이 고 인 포 올 카인즈 어브 스포츠

오늘 프로 야구시합이 있습니까?

Is there a pro baseball game today?

이즈 데어러 프로 베이스볼 게임 투데이?

어느 팀이 경기를 하죠?

Which teams are playing?

위치 팀스 아 플레잉?

어느 경기장 입니까?

Where is the stadium?

웨어 이즈 더 스타디움?

어디에서 표를 사나요?

Where can I get a ticket?

웨어 캔 아이 게러 티켓?

시합은 몇 시에 시작하지요?

What time do they start playing?

왓 타임 두 데이 스타트 플레잉?

좀 더 가까운 좌석이 있나요?

Is there a closer area I can sit?

이즈 데어러 클로져 에어리어 아이 캔 씻?

어느 팀이 이길 것 같은가요?

Which team looks like it will win?

위치 팀 룩스 라익 잇 윌 윈?

지금 몇 회입니까?

What inning is it?

왓 이닝 이즈 잇?

골프를 치고 싶습니다.

I'd like to play golf.

아이드 라익 투 플레이 골프

핸디캡이 어떻게 되세요?

What's your handicap?

왓츠 유어 핸디캡?

몇 시에 시작하면 좋을까요?

What time shall I start?

왓 타임 쉘 아이 스타트?

그린이 비었습니다. 치십시오.

The green is clear. Go ahead.

더 그린 이즈 클리어. 고 어헤드

어느 클럽을 쓰시겠어요?

Which club would you like to use?

위치 클럽 우쥬 라익 투 유즈?

7번 아이언으로 할게요.

I'll use the 7 iron.

아윌 유즈 더 세븐 아이언

이 호텔에 테니스 코트가 있습니까?

Do you have a tennis court in the hotel?

두유 해브 어 테니스 코트 인 더 호텔?

코트 빌리는 데 얼마입니까?

How much is it to rent the court?

하우 머취 이즈 잇 투 렌트 더 코트?

관광
tourist
투어리스트

위치
location
로케이션

방향
direction
디렉션

다리
bridge
브릿지

거리
street
스트릿

횡단보도
crosswalk
크로스워크

전시장
showroom
쇼룸

안내 데스크
information desk
인포메이션 데스크

시청
City Hall
시티 홀

기념관
Memorial Hall
메머리얼 홀

출입구
entrance
엔터런스

미술관
gallery
갤러리

시내
downtown
다운타운

교외
suburb
서버브

자유시간
free time
프리 타임

가이드
guide
가이드

입장료
admission fee
에드미션 피

개장 시간
opening time
오프닝 타임

마감 시간
closing time
클로징 타임

보관소
cloakroom
클락 룸

촬영금지
No Pictures
노 픽쳐스

통역
translation
트렌스레이션

야경
night view
나잇 뷰

야시장
night market
나이트 마켓

각 나라별 축제

독일 - 옥토버페스트(Octoberfest)

매년 9월 셋째 주 토요일부터 10월 첫째 일요일까지 16~18일간 열린다. 1810년에부터 200년간 이어져 온 이 축제는 세계 3대 축제 중 하나로 전통과 규모 면에서 최고라 할 수 있 다. 뮌헨의 '테레지엔비제'라는 광장  에서 펼쳐지며 가장행렬과 맥주 마시기, 음악제가 열리며 이국에서의 새로운 분 위기를 느낄 수 있다.

프랑스 - 칸 국제 영화제(Cannes International Film Festival)

프랑스 남부 휴양 도시 칸(cannes)에서 매년 5월에 열리는 국제 영화제로 세계 3 대 영화제 중 하나이다. 칸영화제는 영화의 예술적인 수준과 상업적 효과의 균형 을 잘 맞춤으로써 세계 영화의 만남의 장으로서 명성을 얻게되었다. 또한 영화 상 영 외에도 토론회 · 트리뷰트 · 회고전 등 많은 문화 예술 행사를 병행하고 있다.

이탈리아 - 베네치아 카니발(Venezia Carnival)

물의 도시 베네치아에서 열리는 이 탈리아 최대 카니발. 1268년에 처음 시작되었으며 사순절의 2주 전부터 열린다. 화려한 패션과 다양한 가면 을 구경할 수 있는 가면 축제로 이 행 사의 백미는 가면을 쓰고 자신을 숨

긴 상태에서 축제를 즐길 수 있다는 점이다. 축제 기간 곳곳에서 연극 공연, 공중 곡예 서커스 등이 진행된다.

스페인 – 라토마티나(La Tomatina)

토마토 축제로 잘 알려져 있으며 60년의 전통을 자랑하며 약 120톤의 토마토를 거리에 쏟아 놓고 마을 주민과 관광객들이 토마토를 서로에게 던지며 즐기는 축제로 거리는 토마토로 강을 이룬다. 토마토 축제가 열리는 일주일 동안 불꽃놀이와 공연, 음식 축제 등도 함께 열리며 세계에서 가장 많은 축제가 열린다는 스페인에서도 단연 손꼽히는 축제이다.

브라질 – 리우 카니발(Rio Carnival)

삼바 축제로 매년 2월 말부터 3월 초 사이에 4~5일간 축제가 열리는데 이때는 토요일 밤부터 수요일 새벽까지 밤낮을 가리지 않고 축제가 열린다. 해마다 리우 카니발이 열릴 때면 전 세계에서 약 6만 명의 관광객이 찾아오고, 브라질 국내 관광객도 25만여 명에 이른다. 브라질을 찾는 전체 관광객의 3분의 1에 해당되는 사람들이 리우 카니발이 열리는 시기에 맞춰서 온다. 세계 3대 축제 중 하나로 꼽힌다.

태국 – 송끄란 축제(Songkran Festival)

타이를 대표하는 문화 축제로 '물의 축제'라고도 하며 매년 4월 13일~15일 3일간 타이 주요 도시에서 열린다. 송끄란 축제 행사 가운데 가장 유명한 것은 지나가는 행인들에게 물을 뿌리는 것으로 불교국가 타이에서 부처의 축복을 기원하기 위해 불상을 청소하는 행위에서 유래하였다. 축제에 참여한 모든 사람들을 축복한다는 뜻으로 서로에게 물을 뿌리는 데 특히 관광객들에게 인기가 높다.

세계의 박물관

미국 자연사박물관(American Museum of Natural History)

영화 '박물관이 살아있다'의 배경이
된 이곳은 뉴욕 맨해튼에 위치해 있
다. 상설전시관, 연구실, 도서실 등으
로 구성되어 있으며 생물학, 생태학,
동물학, 지질학, 천문학, 인류학 등의
분야에 340만 개 이상의 표본을 소
장하고 있다. 지상 4층 지하 1층인 이 박물관은 동물의 생태를 보여주는 입체 모
형 및 실물 위주로 전시되어 현장감과 생동감이 느껴진다. 엄청난 규모의 박물관
이기 때문에 Information에 비치되어 있는 한국어 층별 안내도는 필수로 챙긴
다. 월, 화는 휴관이고 수~일요일 개방한다. 전시는 오전 10시부터 오후 5시 30
분까지라 일찍 서두르는 것이 좋다. 센트럴파크와 공원 내 동물원이 있고 건너편
에는 Metropolitan Museum of Art(메트로폴리탄 미술관)가 있다.

미국 메트로폴리탄 미술관(Metropolitan Museum of Art)

우아하고 고풍스러운 메트로폴리탄 미술관은 정부의 주도가 아닌 민간 주도하에
설립되었다. 회화, 조각, 사진, 공예품 등 330여 만점을 소장하고 있으며 파리의
루브르박물관, 영국의 대영박물관과 함께 세계적으로 손꼽히는 박물관이다. 전
시는 지역별로 아메리카, 오세아니아, 아시아, 유럽 등으로 구분하여 세분화하였
다. 로비 중앙에 위치한 Information에는 한국어 안내도뿐만 아니라 각 나라 언
어별 안내인이 상주하는데 한국어 안내인도 상주한다. 미국의 다른 공립 박물관
과 마찬가지로 정식 입장료 외에 도네이션(기부금)입장료가 있는데 주머니 사정
에 맞게 기부금을 내면 입장할 수 있다. 단, 별도의 입장료가 있는 특별 전시관 등

은 예외다. 미국의 영화와 드라마에 자주 등장할 정도로 아름다운 박물관이다.

영국 대영박물관(British Museum)

런던의 Bloomsbury에 위치한 박물관으로 약 700만 점의 소장품이 전시되어 있는 세계 최대 규모이다. 이집트의 람세스 석상과 로제타석(비석 조각), 그리스의 파르테논 신전의 조각(엘긴마블), 로마 고대 유물등과 한국관, 중국관, 일본관도 있다. 세계 유물의 가치를 알아보고 완벽한 보전과 전시가 이루어진다는 것이 장점이지만 약탈된 문화재에 대한 비판의 목소리도 거세다. 도네이션이 있지만 무료입장이고 한국어가 지원되는 멀티미디어 가이드(유료)는 200여 점의 주요 전시물에 대한 사진과 설명이 제공된다. 오전 10시에서 오후 5시 30분까지 개방되며 금요일은 오후 8시 30분까지 연장 전시된다. 일부 전시관의 경우 관람시간이 제한될 수 있고 1월 1일과 12월 24~26일은 휴관하므로 주의해야 한다.

프랑스 루브르박물관(Louvre Museum)

파리의 루브르박물관은 궁전의 일부가 미술관으로 사용되다가 궁전의 틀을 벗고 박물관으로 탈바꿈하였다. 중국계 미국인 건축가가 설계한 유리 피라미드는 건축 당시 반대가 상당했으나 지금은 루브르의 상징이 되었다. 1층은 고대 이집트, 그리스, 로마 미술품으로 밀로의 비너스가 대표적이고 2층은 19세기 프랑스 회화 전시로 모나리자, 가나의 결혼식이 대표작이다. 3층은 네덜란드와 독일의 회화로 렘브란트와 루벤스의 그림을 만날 수 있다.

PART 06

쇼핑

∴ 단어 바꿔가면서 다양한 대표 회화 익히기

( )에게 줄 선물을 찾고 있습니다.
I'm looking for a gift for my .

wife
와이프 아내

daughter
도우터 딸

son
썬 아들

parents
페어런츠 부모님

이 ( )는(은) 좋아하지 않습니다.
I don't like this .

style
스타일 스타일

design
디자인 디자인

pattern
패턴 무늬

brand
브랜드 브랜드

( ) 를 찾고 있습니다.
I'm looking for .

shoes
슈즈 구두

skirt
스커트 치마

shirt
셔츠 셔츠

blouse
블라우스 블라우스

UNIT 01
매장을 찾을 때

선물을 어디서 살 수 있나요

Where can I see the gift shop?

웨어 캔 아이 씨 더 기프트 샵?

이 근처에 대형 백화점이 있나요?

Where is a big department store near here?

웨어 이즈 어 빅 디파트먼트 스토어 니어 히어?

면세점이 있나요?

Is there a duty free shop?

이즈 데어러 듀티 프리 샵?

매장 안내소는 어디입니까?

Where is the information booth?

웨어 이즈 디 인포메이션 부쓰?

가장 가까운 쇼핑몰은 어디에 있습니까?

Where is the closest shopping mall from here?

웨어 이즈 더 클로지스트 샤핑 몰 프럼 히어?

할인점을 찾고 있습니다.

I'm looking for a discount shop.

아임 룩킹 포 어 디스카운트 샵

여기서 먼가요?

Is it far from here?

이즈 잇 파 프럼 히어?

몇 시에 여나요?

What time does the shop open?

왓 타임 더즈 더 샵 오픈?

몇 시에 닫나요?

What time does the shop close?

왓 타임 더즈 더 샵 클로즈?

주말에도 엽니까?

Are you open on weekends?

아유 오픈 안 위켄즈?

식당은 몇 층에 있나요?

Which floor has foods?

위치 플로어 해즈 푸드즈?

전자제품을 찾고 있습니다.

I'm looking for electronic goods.

아임 룩킹 포 엘렉트로닉 굿즈

가까운 편의점은 어디에 있나요?

Where is the nearest convenience store.

웨어 이즈 더 니얼리스트 컨비니언스 스토어?

3층에 있습니다.

It's on the third floor, sir.

잇스 안 더 써드 플로어, 서

어떤 종류의 브랜드가 있나요?

What kind of brand do you have?

왓 카인드 어브 브랜드 두유 해브?

벼룩시장은 어디에 있습니까?

Is there a flea market?

이즈 데어러 플리 마켓?

지금 세일 중인가요?

Are you having a sale now?

아유 해빙 어 세일 나우?

네, 세일중입니다.

Yes, we are.

예쓰, 위 아

20% 할인중입니다.

Every item is 20% off.

에브리 아이템 이즈 투웬티 퍼센트 오프

세일은 언제까지 합니까?

When does the sale end?

웬 더즈 더 세일 엔드?

세일은 오늘까지입니다.

The sale ends today.

더 세일 엔즈 투데이

서점은 몇 층인가요?

On which floor is the bookstore?

안 위치 플로어 이즈 더 북 스토어?

엘리베이터 타고 5층으로 올라가세요.

Take the elevator to the 5th floor.

테익 디 엘리베이러 투 더 피프쓰 플로어

제가 좀 도와 드릴까요?

Can I help you?

캔 아이 헬프 유?

찾으시는 물건 있으십니까?

What can I do for you?

왓 캔 아이 두 포 유?

그냥 둘러볼게요.

Just looking.

저스트 룩킹

블라우스를 찾고 있습니다.

I'm looking for a blouse.

아임 루킹 포 어 블라우스

재킷 있습니까?

Do you have a jacket?

두유 해브 어 재킷?

이걸 입어 봐도 됩니까?

Can I try it on?

캔 아이 트라이 잇 안?

저것 좀 보여 주시겠어요?

Would you show me that one?

우쥬 쇼 미 댓 원?

탈의실은 어디입니까?

Where's the fitting room?

웨어즈 더 피팅 룸?

드레스 좀 골라 주시겠어요?

Can you please choose a dress?

캔유 플리즈 츄즈 어 드레스?

요즘 가장 인기있는 상품을 추천해 주세요.

Please, recommend the hottest item these days?

플리즈, 레커멘드 더 핫티스트 아이템 디즈 데이즈?

소재는 무엇입니까?

What is this made of?

왓 이즈 디스 메이드 어브?

면 100%입니다.

It's one hundred percent cotton.

잇츠 원 헌드레드 퍼센트 코튼

수제품 입니까?

Is this hand-made?

이즈 디스 핸드 메이드?

다른 사이즈는 없습니까?

Are there any other sizes?

아 데어 애니 아더 사이지스?

좀 더 작은 것(큰 것)을 부탁합니다.

A smaller(larger) one, please.

어 스몰러(라져) 원, 플리즈

너무 꽉 끼네요.

It's too tight for me.

잇츠 투 타잇트 포 미

헐렁하네요.

I think this is loose.

아이 씽크 디스 이즈 루즈

이것으로 제게 맞는 사이즈 있나요?

Do you have this one in my size?

두유 해브 디스 원 인 마이 사이즈?

다른 색상은 있습니까?

In different colors?

인 디퍼런트 컬러즈?

다양한 색상이 있습니다.

We have many colors.

위 해브 매니 컬러즈

잠시만 기다려 주세요. 찾아 보겠습니다.

Just a moment, please. I'll check.

져스트 어 머먼트 플리즈, 아윌 첵

어느 것이 더 좋아 보입니까?

Which one looks better?

위치 원 룩스 베터?

이게 더 잘 어울립니다.

I think this one looks better on you.

아이 씽크 디스 원 룩스 베터 안 유

이건 어떠세요?

What about this one?

왓 어바웃 디스 원?

나에겐 너무 화려하네요.

It's too colorful for me.

잇츠 투 컬러풀 포 미

제가 원하는 스타일이 아니네요.

This is not my style.

디스 이즈 낫 마이 스타일

마음에 드는 것이 없네요.

I don't like anything.

아이 돈트 라익 애니씽

좀 더 싼 물건은 없습니까?

I'd like something a little less expensive.

아이드 라익 썸씽 어 리틀 레스 익스펜시브

이 블라우스로 할게요.

I'll take this blouse.

아윌 테익 디스 블라우스

거울 좀 볼 수 있을까요?

Can I check in the mirror?

캔 아이 첵 인 더 미러?

세탁기로 빨아도 됩니까?

Can I wash it in the washing machine?

캔 아이 와쉬 잇 인 더 와슁 머쉰?

다른 옷을 입어 봐도 됩니까?

Can I try other clothes?

캔 아이 트라이 아더 클로즈?

수선됩니까?

Can you alter this?

캔유 올터 디스?

길이 좀 줄여 주시겠어요?

Can you make this shorter?

캔유 메익 디스 쇼터?

화장품 매장이 어디죠?

Where's the cosmetic store?

웨어즈 더 코스메틱 스토어?

가장 잘나가는 립스틱을 보여주세요.

I'm looking for the most popular lipstick.

아임 룩킹 포 더 모스트 파퓰러 립스틱

시험해 봐도 됩니까?

May I try it?

메이 아이 트라이 잇?

어떤 색이 유행입니까?

Which color is now in fashion?

위치 컬러 이즈 나우 인 패션?

색은 이것이 전부 입니까?

Are these all the colors?

아 디즈 올 더 컬러즈?

더 밝은 색으로 보여주세요.

Show me a brighter color, please.

쇼미 어 브라이러 컬러, 플리즈

파운데이션 좀 보여주세요.

Show me the foundation.

쇼미 더 파운데이션

인기 있는 향수 좀 보여주세요.

I'd like to see the most popular perfume.

아이드 라익 투 씨 더 모스트 파펄러 퍼퓸

이것은 무슨 브랜드 인가요?

What brand is this?

왓 브랜드 이즈 디스?

보석 매장은 어디죠?

Where's the jewelry department?

웨어즈 더 쥬얼리 디파트먼트?

여자 친구에게 선물할 귀걸이를 찾고 있는데요.

I'm looking for earrings for my girl friend.

아임 룩킹 포 이어링스 포 마이 걸 프렌드

이 팔찌를 보여 주세요.

Show me this bracelet.

쇼미 디스 브레이슬렛

오른쪽에서 세 번째 것을 보여 주세요.

Third one from the right, please.

써드 원 프럼 더 롸잇, 플리즈

보증서는 있나요?

Is this with a guarantee?

이즈 디스 위더 개런티?

끼어 볼 수 있나요?

Can I try it on?

캔 아이 트라이 잇 안?

심플한 디자인은 없습니까?

Do you have anything with a simple design?

두유 해브 애니씽 위더 심플 디자인?

카메라를 찾고 있습니다.

I'm looking for a camera.

아임 룩킹 포러 카메롸

디지털시계 있습니까?

Do you have digital watches?

두유 해브 디지털 와취즈?

시간 좀 맞춰 주시겠어요?

Please, set the time of the watch.

플리즈, 셋 더 타임 어브 더 왓취

어떤 기능이 있나요?

What kind of function does it have?

왓 카인덥 펑션 더즈 잇 해브?

방수는 되나요?

Is it water-proof?

이즈 잇 워러 프루프?

어디서 만든 것입니까?

Where is this made?

웨어 이즈 디스 메이드?

이 구두 신어 봐도 됩니까?

Can I try on these shoes?

캔 아이 트라이 안 디즈 슈즈?

어떤 종류의 구두를 찾으세요?

What kind of shoes are you looking for?

왓 카인더브 슈즈 아 유 룩킹 포?

정장 구두를 찾습니다.

Dress shoes.

드레스 슈즈

운동화를 찾습니다.

Sneakers.

스니커즈

사이즈가 어떻게 되시나요?

What size do you wear?

왓 사이즈 두유 웨어?

8 사이즈 신어요.

I wear a size 8.

아이 웨어 어 사이즈 에잇

굽이 너무 낮은데요.

I think the heels are too low.

아이 씽크 더 힐스 아 투 로우

이 신발은 저한테 너무 크네요.

These shoes are too big for me.

디즈 슈즈 아 투 빅 포 미

잘 맞는 것 같습니다.

Seems fine.

씸스 파인

숄더백을 보고 싶은데요.

I'd like to buy a shoulder bag.

아이드 라익 투 바이 어 숄더 백

진짜 가죽인가요?

Is this real leather?

이즈 디스 리얼 레더?

만져봐도 됩니까?

May I touch this?

메이 아이 터치 디스?

다른 디자인은 있습니까?

Do you have any other designs?

두유 해브 애니 아더 디자인스?

세일품은 있습니까?

Do you have anything on sale?

두유 해브 애니씽 안 세일?

고르는 것 좀 도와주시겠어요?

Could you help me to make a selection?

쿠쥬 헬프 미 투 메익 커 셀렉션?

아내에게 줄 선물로 무엇이 좋을까요?

What gift would you recommend for my wife?

왓 기프트 우쥬 레커멘드 포 마이 와이프?

일회용 카메라 있습니까?

Do you have disposable camera?

두유 해브 디스포져블 카메러?

이 근처에 스포츠 용품점은 있습니까?

Is there a sporting goods shop?

이즈 데어러 스포팅 굿즈 샵?

이걸로 주세요.

This one, please.

디스 원, 플리즈

펜을 보여주세요.

Can I show some pens?

캔 아이 쇼 썸 펜즈?

생일카드를 사고 싶은데요.

Do you have some birthday cards?

두유 해브 썸 벌쓰데이 카아즈?

최근 베스트셀러를 찾는데요.

I'm looking for some recent best-sellers.

아임 룩킹 포 썸 리쎈트 베스트 셀러스

그 책은 잘 팔립니까?

Is the book selling well?

이즈 더 북 셀링 웰?

이 도시의 지도를 파나요?

Do you have a map of this city?

두유 해브 어 맵 어브 디스 씨리?

이것과 같은 걸로 주세요.

I'll take the same as this.

아윌 테익 더 세임 에즈 디스

선물포장 해 주세요.

Wrap it as a gift, please.

랩 잇 애즈 어 기프트, 플리즈

UNIT 04
면세점에서 물건을 살 때

면세점은 어디에 있습니까?

Where's a duty free shop?

웨어즈 어 듀티 프리 샵?

이 가게에서 면세로 살 수 있습니까?

Can I buy things on duty free here?

캔 아이 바이 씽스 안 듀티 프리 히어?

이 지방의 특산품은 어떤 것이 있습니까?

What special products do you have here?

왓 스페셜 프러덕츠 두 유 해브 히어?

담배 한 갑에 얼마 입니까?

How much is one pack?

하우 머취 이즈 원 팩?

면세품인가요?

Is it tax-free?

이즈 잇 텍스-프리?

선물용 위스키를 찾고 있습니다.

I'm looking for whisky as a gift.

아임 룩킹 포 위스키 애즈 어 기프트

얼마나 세금을 내야 하나요?

How much duty can I pay?

하우 머취 듀티 캔 아이 페이?

어느 정도 면세받나요?

How much will I be saving?

하우 머취 윌 아이 비 세이빙?

탑승권을 볼 수 있을까요?

Can I see your boarding pass, please.

캔 아이 씨 유어 보딩 패쓰, 플리즈

탑승 전에 수취하시기 바랍니다.

Receive it before boarding, please.

리씨브 잇 비포어 보딩, 플리즈

한국인에게 어떤 것이 인기가 있나요?

What kind of items are popular of Koreans?

왓 카인덥 아이템즈 아 파펄러 어브 코리언즈?

이 상품은 무슨 브랜드입니까?

What brand is it?

왓 브랜드 이짓?

이 세트를 낱개로 살 수 있나요?

Can I get one from this set?

캔 아이 겟 원 프럼 디스 셋?

어떤 선글라스가 요즘 인기가 있나요?

What kind of sunglasses are the most popular these days?

왓 카인덥 썬글래씨즈 아 더 모스트 파펼러 디즈 데이즈?

100달러 정도의 물건을 사고 싶습니다.

I'd like to buy something for around one hunderd dollars.

아이 드 라익 투 바이 썸씽 포 어롸운드 원헌드레드 달러즈

배달해 주나요?

Do you deliver?

두유 딜리버?

네, 해드립니다.

Yes, I do.

예스, 아이 두

선물용으로 포장해 주세요.

Please gift-wrap this.

플리즈 기프트 랩 디스

UNIT 05
물건값을 계산할 때

이것을 사겠습니다.

I'll take this.

아윌 테익 디스

전부 얼마입니까?

What is the total?

왓 이즈 더 토탈?

이것 좀 계산해 주시겠어요?

Will you add these up for me?

윌 유 애드 디즈 업 포 미?

이 셔츠도 계산에 넣어 주세요.

Add in this shirt.

애드 인 디스 셔츠

234

영수증 좀 주세요.

Let me have a receipt, please.

렛미 해브 어 리씻, 플리즈

좀 더 싸게는 안됩니까?

Is this the best price?

이즈 디스 더 베스트 프라이스?

거스름돈이 모자랍니다.

I think I was shortchanged.

아이 씽크 아이 워즈 숏체인쥐드

계산이 틀립니다.

I think your calculation is wrong.

아이 씽크 유어 컬큘레이션 이즈 륑

다른 것이 또 있습니까?

Anything else?

애니씽 엘스?

그게 전부입니다.

No, that's all.

노우, 댓츠 올

신용카드로 계산하겠습니다.

Let me pay for it with my credit card.

렛 미 페이 포 잇 윗 마이 크레딧 카드

제 예산을 넘는데요.

That's beyond my budget.

댓츠 비얀드 마이 버쥣

얼마 정도 예상하시는데요?

How much do you think you can pay?

하우 머취 두 유 씽크 유 캔 페이?

할인해 주시면 살게요.

If you give me a it discount I'll buy.

이프 유 기브 미 어 잇 디스카운 아윌 바이

30달러는 안되겠습니까?

To thirty dollars?

투 써티 달러즈?

이건 다른 가게에서 50달러입니다.

This is fifty dollars at another store.

디씨즈 피프티 달러즈 앳 언아더 스토어

20% 할인해 드릴게요.

I'll give you a 20% discount.

아윌 기뷰 어 트웬니퍼센트 디스카운

할인은 얼마나 되나요?

How much discount do I get?

하우 머취 디스카운트 두 아이 겟?

20% 할인중입니다.

Every item is 20% off.

에브리 아이템 이즈 투웬티 퍼센트 오프

쿠폰을 써도 됩니까?

Can I use coupons?

캔 아이 유즈 쿠폰즈?

네 맘껏 쓰세요.

Yes, you're welcome to use coupons.

예쓰, 유어 웰컴 투 유즈 쿠폰즈

리본을 달아서 포장해 주세요.

Can you add a ribbon?

캔유 애드 어 리번?

선물 포장 해 주십시오.

Please gift-wrap this.

플리즈 기프트 랩 디스

포장비를 내야 하나요?

Do you charge for wrapping?

두유 챠지 포 랩핑?

한국으로 보내 주실 수 있습니까?

Can you send this to Korea?

캔유 샌드 디스 투 코뤼아?

받는데 얼마나 걸립니까?

How long does it take to receive it?

하우 롱 더즈 잇 테잌 투 리씨브 잇?

배달료를 따로 내야 하나요?

Do I have to pay a separate delivery fee?

두 아이 해브 투 페이 어 세퍼레잇 딜리버리 피?

항공우편으로 부탁합니다.

By air mail, please.

바이 에어 메일, 플리즈

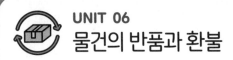
이것을 새 것으로 교환하고 싶습니다.

I want to exchange it for a new one.

아이 원 투 익스체인쥐 잇 포러 뉴 원

이것을 환불 받고 싶습니다.

I'd like to get a refund for this.

아이드 라잌 투 겟 어 리펀드 포 디스

어디로 가야 합니까?

Where should I go?

웨어 슈드 아이 고?

사용하셨나요?

Have you used it?

해브 유 유즈드 잇?

전혀 사용하지 않았습니다.

I haven't used it at all.

아이 해븐트 유즈드 잇 앳 올

박스조차 열지 않았습니다.

I didn't even open the box.

아이 디든트 이븐 오픈 더 박스

열어보니 제가 산 물건이 아닙니다.

This is different from what I bought.

디스 이즈 디퍼런트 프럼 왓 아이 밧

구입하실 때 흠집이 있었나요?

Was it already damaged when you bought it?

워즈 잇 얼레디 데미쥐드 웬 유 밧 잇?

때가 묻어 있네요.

It's dirty.

잇츠 더리

깨져 있습니다.

It's broken.

잇츠 브로큰

부품 하나가 없습니다.

I found there is a missing part.

아이 파운드 데어 이져 미씽 파트

영수증 좀 보여 주시겠어요?

May I have the receipt, please?

메이 아이 해브 더 리씻, 플리즈?

여기 있습니다.

Here's the receipt.

히어즈 더 리씻

언제 구입하셨나요?

When did you purchase it?

웬 디쥬 퍼쳐스 잇?

어제 샀어요.

I bought it yesterday.

아이 밧 잇 예스터데이

환불은 불가능합니다.

We can't give you a refund.

위 캔트 기브 유어 리펀드

교환은 가능합니다.

We can replace them for you.

위 캔 리플레이스 뎀 포 유

왜 교환이 안 되지요?

Why can't I exchange this?

와이 캔트 아이 엑스체인지 디스?

쇼핑센터
shopping center
샤핑센터

백화점
department store
디파트먼트 스토어

면세점
duty free shop
듀티 프리 샵

할인점
discount store
디스카운트 스토어

주문
order
오더

교환
exchange
익스췌인지

환불
refund
리펀드

반품
return
리턴

선물
gift
기프트

포장
wrap
랩

배송
delivery
딜리버리

상인
merchant
머천트

세일 **sale** 세일	현금인출기 **ATM** 에이티엠
서명 **signature** 시그니쳐	영수증 **receipt** 리씻
기념품 **souvenir** 수비니어	계산대 **register counter** 래지스터 카운터
신상품 **new product** 뉴 프라덕트	수제품 **handmade** 핸드메이드
구경하다 **look around** 룩 어라운드	벼룩시장 **flea market** 플리 마켓
비싸다 **expensive** 익스펜시브	싸다 **cheap** 칩

PART 07

통신&은행

∴ 단어 바꿔가면서 다양한 대표 회화 익히기

( )는(은) 어디에서 삽니까?
Where do I buy ?

stamp
스템프 우표

envelope
언벌로웁 봉투

postcard
포스트 카드 엽서

flower
플라워 꽃

( )를(을) 부탁합니다.
Please give me a .

parcel
파슬 소포

international call
인터네셔널 콜 국제전화

message
메세쥐 메시지

exchange
익스췌인지 환전

( )은(는) 어디에 있나요?
Where is the ?

post office
포스트 어피스 우체국

bank
뱅크 은행

police station
폴리스 스테이션 경찰서

money exchange
머니 익스췌인쥐 환전소

전화를 할 때

여보세요, 김진영입니다.

Hello, Jinyoung Kim speaking.

헬로, 진영 킴 스피킹

누구를 찾으세요?

Who are you calling?

후 아 유 콜링?

어디로 전화하셨나요?

Where are you calling?

웨어 아 유 콜링?

전화 잘못 거신 것 같군요.

I'm afraid you have the wrong number.

아임 어프레이드 유 해브 더 뤙 넘버

제가 전화를 잘못 걸었습니다.

I must have the wrong number.

아이 머스트 해브 더 륑 넘버

제게 전화해 달라고 전해 주세요.

Please ask him to give me a ring.

플리즈 에스크 힘 투 기브 미 어 링

전화 받으시는 분은 누구시죠?

Who am I speaking to, please.

후 엠 아이 스피킹 투, 플리즈

이 전화로 걸면 항상 계신가요?

Are you at this number all the time?

아 유 앳 디스 넘버 올 더 타임?

무슨 일로 전화를 하셨습니까?

What are you calling about?

왓 아유 콜링 어바웃?

실례지만 누구시죠?

Who's this, please.

후즈 디스, 플리즈

여기에는 그런 분 안 계신데요.

There is no one here by that name.

데어 이즈 노 원 히어 바이 댓 네임

누구를 바꿔드릴까요?

Who do you wish to speak to?

후 두 유 위쉬 투 스픽 투?

미쓰 제인을 바꿔주세요.

May I speak to Miss Jane.

메아이 스픽 투 미쓰 제인?

250

연결해 드리겠습니다.

I'll put you through, sir.

아윌 풋 유 쓰루, 써

지금 통화중입니다.

His line is busy now.

히즈 라인 이즈 비지 나우

기다리시겠습니까?

Will you hold the line?

윌 유 홀드 더 라인?

나중에 걸겠습니다.

I'll call later.

아윌 콜 레이터

그에게 말씀 좀 전해 주시겠어요?

Can you give him a message for me?

캔 유 기브 힘 어 메시쥐 포 미?

그냥 안부전화했었다고 전해 주세요.

Just tell him I called to say hello.

져스트 텔 힘 아이 콜드 투 세이 헬로

그에게 메세지를 전달하겠습니다.

I'll get the message to him.

아윌 겟 더 메시쥐 투 힘

어떻게 연락하면 될까요?

How can I reach you?

하우 캔 아이 리취 유?

전화번호를 알려 주시겠습니까?

Can I have your phone number?

캔 아이 해브 유어 폰 넘버?

메모를 할게요.

I'll make a note.

아윌 메이커 노우트

전화가 계속 끊어지네요.

The line keeps going dead.

더 라인 킵스 고잉 데드

끊었다가 다시 걸겠습니다.

I'll hang up and call you back.

아윌 행 업 앤 콜 유 백

언제쯤 돌아오실까요?

Do you know when he will be back?

두 유 노우 웬 히 윌 비 백?

지금 회의 중입니다.

He is attending a meeting.

히즈 어텐딩 어 미팅

저녁에 전화하시겠어요?

Will you call me this evening?

윌 유 콜 미 디스 이브닝?

UNIT 02
우체국&은행을 이용할 때

가까운 우체국이 어디에 있습니까?

Where is the nearest post office?

웨어 이즈 더 니어리스트 포스트 오피스?

이 소포를 항공편으로 한국으로 보내고 싶은데요.

I'd like to send this parcel to Korea by airmail.

아이드 라잌 투 샌드 디스 파슬 투 코뤼아 바이 에어메일

이 소포를 착불로 보내고 싶은데요.

I'd like to send this parcel by cash on delivery.

아이드 라잌 투 샌드 디스 파슬 바이 캐쉬 안 딜리버리

이 소포의 무게를 달아주시겠습니까?

Will you weigh this parcel for me?

윌 유 웨이 디스 파슬 포 미?

보통 항공우편과 빠른우편이 있습니다.

We have regular airmail and express mail.

위 해브 레귤러 에어메일 앤 익스프레스 메일

빠른우편으로 보내주세요.

I'd like to send it by express.

아이드 라일 투 샌딧 바이 익스프레스

내용물이 무엇입니까?

What are the contents?

왓 아 더 컨텐츠?

와인입니다.

It's a bottle of wine.

잇츠 어 바를 어브 와인

조심해서 다뤄주십시오.

Please handle it with care.

플리즈 핸들 잇 위드 케어

한국에는 언제쯤 도착할까요?

How long will it take to get to Korea?

하우 롱 윌릿 테일 투 겟 투 코뤼아?

한국까지 일주일 이상 걸립니다.

It will take more than a week to go to Korea.

잇 윌 테일 모어 댄 어 위크 투 고 투 코뤼아

어떻게 보내겠습니까?

How do you want it sent?

하우 두 유 원트 잇 쎈트?

보통우편으로 보내주세요.

Please send it by regular mail.

플리즈 쎈딧 바이 레귤라 메일

등기우편으로 보내고 싶습니다.

I'd like to send this by registered mail.

아이드 라익 투 센드 디스 바이 레지스터드 메일

이 편지를 한국의 서울로 부치고 싶습니다.

I'd like to mail this letter to Seoul, Korea.

아이드 라익 투 메일 디스 레러 투 서울, 코뤼아

이 편지의 우편 요금은 얼마입니까?

What's the postage for this letter?

왓츠 더 포스티쥐 포 디스 레터?

어디에서 우표와 엽서를 살 수 있습니까?

Where can I get stamps and postcards?

웨어 캔 아이 겟 스템스 앤 포스트카즈?

우편엽서는 얼마입니까?

How much is a postcard?

하우 머취 이즈 어 포스트카드?

기념우표가 있습니까?

Do you have any commemorative stamps?

두유 해브 애니 커메모레티브 스탬프스?

사서함을 개설하고 싶습니다.

I need to get a P.O. Box.

아이 니드 투 게러 피오 박스

주소를 바꾸어도 됩니까?

Can I get a change of address form?

캔 아이 게러 췐지 업 어드레스 폼?

은행은 일요일에 문을 닫나요?

Does the bank close on Sunday?

더즈 더 뱅크 클루우즈 안 썬데이?

은행이 몇 시에 열죠?

When does the bank open?

웬 더즈 더 뱅크 오픈?

예금계좌를 개설하고 싶습니다.

I'd like to open a savings account.

아이드 라익 투 오픈 어 세이빙스 어카운트

10달러로 계좌를 개설할 수 있습니까?

Can I open an account with 10 dollars?

캔 아이 오픈 언 어카운트 위드 텐 달러즈?

어떤 종류의 계좌를 개설하고 싶으십니까?

What kind of account would you like to open?

왓 카인덥 어카운트 우쥬 라익 투 오픈?

수표를 현금으로 바꾸고 싶습니다.

I want to cash these checks.

아이 원 투 캐쉬 디즈 췍스

뒷면에 서명을 해 주시겠습니까?

Would you endorse it on the back, please?

우쥬 엔더스 잇 안 더 백, 플리즈?

이것을 잔돈으로 바꿀 수 있습니까?

Can you break this into small money?

캔유 브레익 디스 인투 스몰 머니?

환율이 어떻게 됩니까?

What's the rate of exchange?

왓츠 더 레이트 어브 익스체인쥐?

얼마나 현금으로 바꾸어 드릴까요?

How much do you want to cash?

하우 머취 두 유 원 투 캐쉬?

어떻게 바꾸어 드릴까요?

How do you like your money?

하우 두 유 라잌 유어 머니?

전부 10달러짜리로 바꿔 주십시오.

Give me the whole amount in 10 dollar bills.

기브 미 더 호울 어마운트 인 텐 달러 빌스

현금카드를 발급 받을 수 있을까요?

Can I get an ATM card?

캔 아이 게런 에이티엠 카드?

어느 은행과 거래가 있습니까?

Where do you have your bank account?

웨어 두 유 해브 유어 뱅크 어카운트?

저희 은행에 계좌가 있습니까?

Do you have an account with us?

두유 해브 언 어카운트 위드 어스?

신용카드를 신청하고 싶습니다.

I'd like to apply for a credit card.

아이드 라잌 투 어플라이 풔러 크레딧 카드?

카드를 어디에선가 잃어버렸습니다.

I lost my credit card somewhere.

아이 로스트 크레딧 카드 썸웨어

현금지급기를 이용할 때 수수료가 있나요?

Do you charge for ATM transactions?

두유 챠지 포 에이티엠 트랜쌕션즈?

한국으로 송금을 하고 싶은데요.

I'd like to send some money to Korea.

아이드 라잌 투 샌드 썸 머니 투 코뤼아

송금 수수료가 얼마죠?

What's the remittance charge?

왓츠 더 뤼미턴스 차아지?

이 양식을 작성해 주십시오.

Could you fill out this form, please?

쿠쥬 필 아웃 디스 폼, 플리즈?

입금 전표를 작성해 주시겠습니까?

Could you please fill out this deposit slip?

쿠쥬 플리즈 필 아웃 디스 디포짓 슬립?

수취인
receiver
리씨버

통화
call
콜

긴급통화
emergency call
이머전시 콜

우체국
post office
포스트 어피스

엽서
postcard
포스트카드

우편번호
postcode
포스트코드

주소
address
어드레스

기본요금
basic charge
베이직 챠쥐

현금
cash
캐쉬

지폐
bill
빌

수수료
charge
촤지

신용카드
credit card
크레딧 카드

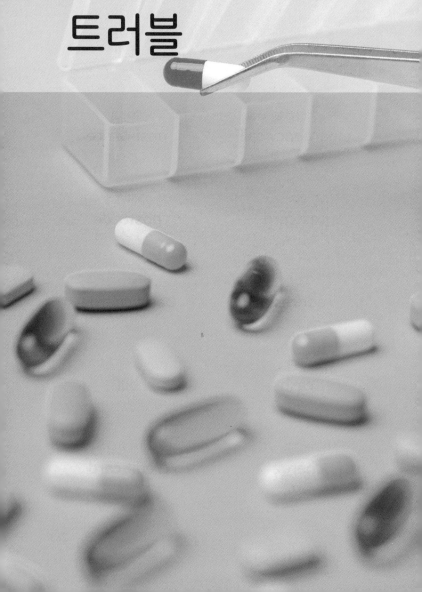

PART 08

트러블

∴ 단어 바꿔가면서 다양한 대표 회화 익히기

( )를 할 줄 아십니까?
Do you speak ?

English
잉글리쉬 영어

Japanese
재패니즈 일본어

Korean
코뤼언 한국어

Germany
절머니 독일어

( )를(을) 잃어버렸습니다.
I lost my .

money
머니 돈

bag
빽 가방

passport
패스포트 여권

wallet
월렛 지갑

( )가 있습니다.
I have a .

fever
피버 열

stomachache
스터먹에이크 복통

headache
헤드에이크 두통

Toothache
투쓰에이크 치통

UNIT 01
분실과 도난

분실물 보관소가 어디에 있습니까?

Where is the lost and found?

웨어 이즈 더 로스트 앤 파운드?

가방을 지하철에 두고 내렸어요.

I left my bag on the subway.

아이 레프트 마이 백 안 더 써브웨이

책을 잃어버렸습니다.

I lost my book.

아이 로스트 마이 북

신용카드를 잃어버렸습니다.

I have lost my credit card.

아이 해브 로스트 마이 크레딧 카드

어디서 잃어버렸는지 기억이 안나요.

I don't remember where I lost it.

아이 돈트 리멤버 웨어 아이 로스트 잇

경찰에 분실신고를 해야겠어요.

I must notify the police that it's missing.

아이 머스트 노티파이 더 폴리스 댓 잇츠 미씽

지갑을 소매치기 당했어요.

My wallet was taken by a pickpocket.

마이 월럿 워즈 테이컨 바이 어 픽파킷

방에 도둑이 들어 왔습니다.

A burglar broke into my room.

어 버글러 브록 인투 마이 룸

누가 제 가방을 빼앗아갔어요.

Someone took my bag.

썸원 툭 마이 백

현금과 수표를 빼앗겼습니다.

I was robbed of my cash and checkbook.

아이 워즈 랍드 어브 마이 캐쉬 앤 첵북

경찰서에 도난신고를 하고 싶은데요.

I'd like to report the theft to the police.

아이드 라잌 투 리폿 더 쎄프트 투 더 폴리스

경찰에 알리는게 좋겠습니다.

We'd better report it to the police.

위드 베러 리포트 잇 투 더 폴리스

가방 안에 무엇이 들어 있었습니까?

What did you have in your bag?

왓 디쥬 해브 인 유어 백?

얼굴을 기억하시나요?

Do you remember his face?

두유 리멤버 히즈 페이스?

얼굴을 볼 수 없었습니다.

I didn't see his face.

아이 디든트 씨 히즈 페이스

어디서 그런 일이 일어났습니까?

Where did it happen?

웨어 디드 잇 해펀?

차이나타운입니다.

In Chinatown.

인 차이나타운

한국대사관에 연락을 하고 싶습니다.

I'd like to contact the Korean Embassy.

아이드 라잌 투 컨텍트 더 코리언 엠버씨

UNIT 02
교통사고가 났을 때

교통사고를 당했습니다.

I had a car accident.

아이 해더 카 액시던트

다친 사람이 있습니까?

Is someone injured?

이즈 썸원 인저드?

여기 부상자가 몇 명 있습니다.

There are some injured people here.

데어 아 썸 인저드 피플 히어

구급차를 불러주십시오.

Please call an ambulance.

플리즈 콜 언 앰뷸런스

경찰을 불러 주세요.

Call the police, please.

콜 더 펄리스, 플리즈

교통사고를 신고하려고 합니다.

I'd like to report a traffic accident.

아이드 라익 투 리포터 어 트래픽 액시던트

사고가 났습니다.

I had an accident.

아이 해던 액시던트

지금 계신 곳이 어디입니까?

What's the address you're at right now?

왓츠 디 어드레스 유어 앳 라이트 나우?

부상 상태가 어떻습니까?

What are the nature of the injuries?

왓아 더 네이춰 어브 디 인져뤼즈?

의식이 없습니다.

He is unconscious.

히 이즈 언컨셔스

제 과실이 아닙니다.

It wasn't my fault.

잇 워즌트 마이 폴트

그가 신호를 무시했습니다.

He ignored the signal.

히 이그노어드 더 씨그널

저야말로 피해자입니다.

I'm the victim.

아임 더 뷕팀

제 책임이 아닙니다.

I'm not responsible for it.

아임 낫 리스펀서블 풔릿

상황이 잘 기억나지 않습니다.

I don't remember what happened.

아이 돈트 리멤버 왓 해펀트

렌터카 회사로 연락을 해 주시겠어요?

Would you contact the car rental company?

우쥬 컨텍 더 카 렌탈 컴퍼니?

보험처리가 됩니까?

Will the insurance cover it?

윌 디 인슈어런스 커버릿?

보험회사에 연락해 주십시오.

Please contact the insurance company.

플리즈 컨텍트 디 인슈어런스 컴퍼니

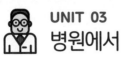

UNIT 03
병원에서

실례합니다. 여기가 접수처입니까?

Excuse me, is this the reception desk?

익스큐즈 미, 이즈 디스 더 뤼셉션 데스크?

진료 예약을 하고 싶은데요?

Can I make an appointment?

캔 아이 메이컨 어포인트먼트?

얼마나 기다려야 합니까?

How long should I wait?

하우 롱 슈다이 웨잇?

한국어를 하는 의사가 있습니까?

Is there a Korean speaking doctor?

이즈 데어러 코리언 스피킹 닥터?

의사를 불러 주시겠어요?

Could you call a doctor for me?

쿠쥬 콜 어 닥터 포어 미?

내과에 가려고 하는데요?

I'd like to see someone in internal medicine?

아이드 라익 투 씨 썸원 인 인터널 메더썬?

가능하면 빨리 진찰을 받고 싶어요.

I'd like to be examined as soon as possible.

아이드 라익 투 비 이그재민드 애즈 순 애즈 파써블

예약을 안했습니다만, 너무 급합니다.

I don't have an appointment, but it's urgent.

아이 돈트 해번 어포인트먼트, 벗 잇츠 어젼트

보험에 가입되어 있습니까?

Do you have insurance?

두유 해브 인슈어런스?

여행자 보험에 들었습니다.

I have travelers insurance.

아이 해브 트레블러스 인슈어런스

상태를 말씀해 주시겠습니까?

Can you describe to me how your feel?

캔유 디스크라이브 투 미 하우 유어 필?

여기를 만지면 아픕니까?

Does it hurt when I touch here?

더즈 잇 허트 웬 아이 터치 히어?

증세가 어떠세요?

What are your symptoms?

왓 아 유어 씸프텀츠?

몸이 말을 안들어요.

My body doesn't keep up with my mind.

마이 바디 더즌트 킵 업 위드 마이 마인드

몸살이 났어요.

I ache all over.

아이 에이크 올 오버

체온을 재겠습니다.

Let me take your temperature.

렛미 테익 유어 템퍼러춰

감기 기운이 있어요.

I'm coming down with a cold.

아임 커밍 다운 윗어 콜드

가벼운 독감입니다.

It's a mild flu.

잇츠 어 마일드 플루

열이 있어요.

I have a fever.

아이 해브 어 피버

배가 매우 아픕니다.

I have a very bad stomachache.

아이 해브 어 베리 배드 스토머에익

푹 쉬면 나을 겁니다.

A good rest should cure it.

어 굿 레스트 슈드 큐어릿

두통이 심합니다.

I have a terrible headache.

아이 해브 어 테러블 헤드에익

아직도 몸이 안 좋아요.

I still don't feel well.

아이 스틸 돈트 필 웰

현기증이 납니다.

I feel dizzy.

아이 필 디지

식중독인 것 같아요.

I seemed to have go food poisoning.

아이 씸드 투 해브 고 푸드 포이져닝

발목을 삐었습니다.

I sprained my ankle.

아이 스프레인드 마이 앵클

머리가 깨졌습니다.

I hurt my head.

아이 허트 마이 헤드

칼에 손을 베었습니다.

I cut my hand with a knife.

아이 컷 마이 핸드 위드 어 나이프

가래가 많이 나와요.

I got a lot of phlegm.

아이 가러 랏 어브 플램

저는 치질이 있습니다.

I have a problem with hemorrhoids.

아이 해브 어 프라블럼 위드 헤멀로이즈

어쩌다가 다치셨습니까?

How did you get hurt?

하우 디쥬 겟 허트?

계단에서 미끄러져 굴러 떨어졌습니다.

I slipped and fell down the stairs.

아이 슬립트 앤 펠 다운 더 스테얼즈

상태가 어떤가요?

How do you feel now?

하우 두 유 필 나우?

여행을 계속 할 수 있을까요?

Can I keep traveling?

캔 아이 킵 튜레블링?

몇 가지 검사를 해봐야겠는데요.

I'd like to run some tests on you.

아이드 라잌 투 런 썸 테스츠 안 유

입원을 해야겠습니다.

You need to be hospitalized.

유 니드 투 비 하스피털라이즈드

수술을 해야 합니다.

You need an operation.

유 니드 언 오퍼레이션

진단서를 써 주시겠습니까?

Would you give me a medical certificate?

우쥬 기브미 어 메디컬 서티피컷?

처방전이 없어도 약을 살 수 있습니까?

Can I buy medicine without a prescription?

캔 아이 바이 메더션 위다웃 어 프리스크립션?

처방전이 없이는 약을 살 수 없습니다.

You can't buy it without a prescription.

유 캔트 바이 잇 위다웃 어 프리스크립션

진통제를 주십시오.

May I have a painkiller?

메아이 해브 어 페인킬러?

안정제가 필요합니다.

I need a tranquilizer.

아이 니드 어 트랜퀼라이져

아스피린이 있습니까?

Can I have some aspirin?

캔 아이 해브 썸 아스피린?

여기 처방전이 있습니다.

I have a prescription right here.

아이 해브 어 프리스크립션 라이트 히어

약을 조제하는 데 얼마나 걸릴까요?

How long will it take to prepare my medicine?

하우 롱 위릿 테익 투 프리페어 마이 메더썬?

이 약은 어떻게 복용합니까?

How do I take this medicine?

하우 두 아이 테익 디스 메더썬?

하루에 두 알씩 세 번 드세요.

Two pills, three times daily.

투 필즈, 쓰리 타임즈 데일리

식전에 먹나요, 식후에 먹나요?

Before or after meals?

비포어 오어 애프터 밀즈?

얼마나 자주 복용해야 하나요?

How often do I take this pill?

하우 오픈 두 아이 테익 디스 필?

8시간마다 복용해야 합니다.

You should take this every eight hours.

유 슈드 테익 디스 에브리 에잇 아워즈

하루에 세 번 식후에 복용하세요.

Please take these 3 times a day after meals.

플리즈 테익 디즈 쓰리 타임즈 어 데이 애프터 밀즈

의사
doctor
닥터

구급차
ambulance
엠뷸런스

알약
pill
필

진통제
painkillers
페인킬러즈

환자
patient
페이션트

보험
insurance
인슈어런스

진단서
medical certificate
메디컬 써티피컷

응급실
emergency room
이머전시 룸

분실물센터
lost-and-found
로스트 앤 파운드

귀중품
valuables
벨러벌즈

사고
accident
엑시던트

손해
damaged
데미쥐드

PART 09

귀국

∴ 단어 바꿔가면서 다양한 대표 회화 익히기

(   ) 비행기로 변경하고 싶습니다.
I'd like to change to a(an)   flight.

morning
모닝 아침

afternoon
에프터눈 오후

night
나이트 밤

fast
패스트 빠른

실례합니다, 제가 (   )도 되겠습니까?
Excuse me, can I   ?

get out
겟 아웃 나가다

come in
컴 인 들어가다

sit down
씻 다운 앉다

pass by
패스 바이 지나가다

(   )를 호텔에 놓고 왔습니다.
I left my   at the hotel.

cell phone
셀 폰 핸드폰

passport
패스포트 여권

watch
와치 시계

handbag
핸드백 핸드백

UNIT 01
비행기 예약의 재확인&탑승하기

예약을 확인하고 싶습니다.

I'd like to confirm my reservation.

아이드 라익 투 컨폼 마이 레져베이션

이름과 예약번호를 말씀해 주시겠어요?

May I have your name and the reservation number?

메아이 해브 유어 네임 앤 더 레져베이션 넘버?

명단에 없습니다.

I don't find your name on the list.

아이 돈트 퐈인드 유어 네임 안 더 리스트

분명히 예약을 했습니다.

I'm sure that I definitely made a reservation.

아임 슈어 대다이 데피니틀리 메이드 어 레져베이션

288

미안합니다. 예약이 확인되었습니다.

I'm sorry. Your reservation is confirmed.

아임 쏘리. 유어 레져베이션 이즈 컨펌드

예약 변경이 가능합니까?

Is it possible to change my reservation?

이짓 파써블 투 체인쥐 마이 레져베이션?

어떻게 변경하고 싶습니까?

How would you like to change it?

하우 우쥬 라익 투 체인짓?

비행 날짜를 바꿔 주십시오.

I want to change my flight date.

아이 원 투 체인쥐 마이 플라이트 데이트

7일에 같은 편으로 하고 싶어요.

I'd like to fly on the 7th, on the same flight.

아이드 라익 투 플라이 안 더 세븐쓰, 안 더 세임 플라이트

오후 편으로 하고 싶은데요.

I'd like to take the afternoon flight.

아이드 라익 투 테익 디 에프터눈 플라이트

예약을 취소하고 싶은데요.

I'd like to cancel my reservation.

아이드 라익 투 캔슬 마이 레져베이션

다른 항공사를 확인해 주십시오.

Please check other airlines.

플리즈 첵 아더 에어라인즈

비행기에 좌석이 남아 있습니까?

Are there any available seats for the flight?

아 데어 애니 어벨러블 씻츠 포 더 플라이트?

그 편은 좌석이 모두 찼습니다.

That flight is fully booked up.

댓 플라이트 이즈 풀리 북트 업

예약취소가 있으면 알려 주시겠어요?

Please let me know if there is a cancelation?

플리즈 렛 미 노우 이프 데어 이즈 어 켄설레이션?

대기자 명단에 넣어 주십시오.

Put me on your waiting list, please.

풋 미 안 유어 웨이팅 리스트, 플리즈

아시아나항공 카운터가 어디입니까?

Where is the Asiana Airline counter?

웨어 이즈 더 에이시아나 에어라인 카운터?

출국 수속을 하고 싶습니다.

I'd like to check in, please.

아이드 라익 투 체크 인, 플리즈

출국 카드가 필요한가요?

Do you need a departure form?

두유 니드 어 디파츄어 폼?

출국카드는 어디서 받습니까?

Where can I get an embarkation card?

웨어 캔 아이 겟 언 엔벌케이션 카드?

탑승은 언제 시작 합니까?

When is the boarding time?

웬 이즈 더 보딩 타임?

315 게이트가 어디에 있습니까?

Where is 315 gate?

웨어 이즈 쓰리 원 파이브 게이트?

인천으로 가는 탑승구인가요?

Is this the gate for Incheon?

이즈 디스 더 게이트 포 인천?

면세점은 어디에 있습니까?

Where is the duty free shop?

웨어 이즈 더 듀티 프리 샵?

인기 있는 기념품은 무엇입니까?

What are some popular souvenirs?

왓 아 섬 파플러 수버니어즈?

면세되는 주류는 몇 병입니까?

How many bottles of liquor are tax-free?

하우 메니 바털즈 어브 리커 아 택스 프리?

신분증을 보여 주시겠어요?

I need to see your ID card?

아이 니드 투 씨 유어 아이디 카드?

탑승할 시간입니다.

It's time to board the plane.

잇츠 타임 투 보오드 더 플레인

UNIT 02
귀국하는 비행기 안에서

자리를 찾고 있습니다.

I'm looking for my seat.

아임 룩킹 포 마이 씻

30번 좌석이 어디입니까?

Where is the seat number 30?

웨어 이즈 더 씻 넘버 써티?

실례지만, 여긴 제자리인데요.

Excuse me but this is my seat.

익스큐즈 미 벗 디씨즈 마이 씻

탑승권을 보여주십시오.

May I see your boarding pass?

메아이 씨 유어 보딩 패스?

저쪽 통로 좌석입니다.

It's right over there on the aisle.

잇즈 롸이트 오버 데어 안 디 아일

의자 좀 뒤로 젖혀도 될까요?

May I put my seat back?

메아이 풋 마이 씻 백?

몸이 안 좋은데 약 좀 구할 수 있을까요?

I feel sick. Can I get some medicine?

아이 필 씩. 캔 아이 겟 썸 메더쓴?

이것이 세관신고서입니다.

This is the customs declaration form.

디스 이즈 더 커스텀즈 디클레이션 폼

무조건 여행 영어회화

1판 1쇄 인쇄 2025년 6월 10일
1판 1쇄 발행 2025년 6월 15일

엮은이 영어교재연구원
펴낸이 윤다시
펴낸곳 도서출판 예가

주   소 서울시 영등포구 영신로 45길 2
전   화 02-2633-5462   **팩스** 02-2633-5463
이메일 yegabook@hanmail.net   **블로그** http://blog.naver.com/yegabook
인스타그램 http://instagram.com/yegabook
등록번호 제 8-216호

ISBN 978-89-7567-665-9   13740